어떻게 하면
중소기업이
대기업이 될 수 있나

대기업이 되지 못하는 중소기업, WHY?

홍석환 **지음**

도서
출판 **행복에너지**

어떻게 하면
중소기업이
대기업이 될 수 있나

초판 1쇄 발행 2021년 6월 21일

지 은 이 　홍석환
발 행 인 　권선복
편 　 집 　오동희
디 자 인 　오지영
전 자 책 　오지영
발 행 처 　도서출판 행복에너지
출판등록 　제315-2011-000035호
주 　 소 　(07679) 서울특별시 강서구 화곡로 232
전 　 화 　0505-613-6133
팩 　 스 　0303-0799-1560
홈페이지 　www.happybook.or.kr
이 메 일 　ksbdata@daum.net

값 17,000원
ISBN　979-11-5602-878-9　(03320)

Copyright ⓒ 홍석환 2021

어떻게 하면
중소기업이
대기업이 될 수 있나

대기업이 되지 못하는 중소기업,

WHY?

홍석환 지음

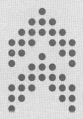

도서
출판 행복에너지

머리말

31년의 삼성, GS칼텍스, KT&G 직장 생활을 마치고, 인사 컨설팅, 자문과 강의를 시작한 지 5년 차이다. 직장에서 HR(인사) 직무만 수행했기 때문에 컨설팅과 자문을 하면서 중견, 중소기업의 경영을 엿볼 수 있는 기회가 생겼다. 특히, 2020년은 코로나19 영향으로 강의를 할 수 있는 상황이 되지 않아 더욱 컨설팅과 자문을 하면서 중소기업들의 실상을 체험할 수 있었다.

대기업에 근무하면서 가장 많이 듣던 이야기는 전략과 시스템 경영이다. 첫 직장이었던 삼성은 전략경영, 시스템 경영, 공정하고 투명한 인사, 비노조 경영, 인재 중시 육성 등이 회사 성장의 원동력이 되어 왔다. 2003년부터 8년간 근무한 LG/GS그룹은 인화를 기반으로 하여 신뢰 경영, 전문성, 인적자원의 우수성 그리고 튼튼한 사업구조가 강점이었다. 마지막 직장이었던 KT&G는 담배라는 좋은 사업구조,

영업 네트워크, 풀뿌리 근성이 회사를 지탱하는 힘이었다. 대기업은 경쟁에서 밀리면 생존할 수 없다는 생각이 매우 강하다. 직원에게 항상 변화와 혁신을 강조하며, 차별화된 경쟁력을 요구한다. 이들의 공통점은 '강한 현장이 강한 기업을 만든다'는 생각이었다.

4년의 컨설팅과 자문, 매년 100번 이상의 중소 직장인 대상의 강의를 하면서 경험하게 된 중소기업은 각양각색이었다. 삼성, LG/GS그룹처럼 사업구조, 경영시스템, 핵심가치와 강한 리더십을 중심으로 매년 눈부신 성장을 이어가는 회사가 있었다. A전자회사를 방문했을 때, 직원의 역량 강화를 위해 노력하는 CEO와 회사의 열정을 살필 수 있었다. 그러나, 망해가는 중소기업도 있었다. 이들 회사를 방문했을 때, 미션과 비전, 벽에 붙어있는 핵심가치에 대해 아는 직원이 적었다. 화장실은 무슨 동네 공원 화장실과 흡사했다. 세면대는 물이 가득했고, 낙서가 있는 곳도 있었다. '좋은 것이 좋은 거야', '하라면 해', '그럴 줄 알았다', '해 봤자 안 된다니까' 등의 부정적 인식이 많다. 왜 사업을 하는 것이며, 자신이 하고 있는 일의 의미도 모른다. 그달 벌어 그달 쓴다는 말을 하며, 돈 이외는 생각하지 않는다고 한다. 이런 생각을 갖고 있으니 변화 혁신이 일어날 수 없다. 받은 만큼 일한다고 하니, 일한 만큼만 준다는 생각을 갖게 되는지 모르겠다.

우리나라 기업 90% 이상이 중소기업이다. 이들이 강해 중견기업이 되고 대기업이 되어야 한다. 강한 현장이 강한 회사를 만들듯, 강한 중소기업이 강한 대기업, 나아가 강한 대한민국을 만든다. 중소기업이 강해져야 한다고 생각하면서, 어떻게 하면 강해지도록 가지고 있는 지식과 경험 나아가 지혜를 나눌까 고민했다. 하지만, 해법을 제시하기에는 개인적 부족함이 많아 지난 35년의 경험과 지식을 바탕으로 왜 중소기업이 대기업이 되지 못하는가에 대한 구체적인 사례를 제시하여 느끼게 해주는 것도 의미가 있다고 생각했다.

이 책은 중소기업이 대기업이 되지 못하는 이유를 크게 7가지로 살피고 있다.

첫째, 사업의 본질을 이해하지 못한다. 우리는 중소기업일 뿐이라는 생각, 영업이 모든 것을 좌우한다고 믿고 있다. 연구개발이 중요한 것을 알지만, 당장 생존이 중요하다고 생각하기 때문에 정부지원사업이 아니면 연구개발은 어렵다고 생각한다. 대부분 지난해의 연장선에서 올해를 볼 뿐, 변화를 읽고 방향과 전략을 세울 수 없으며 획기적 성장을 하기 어렵다.

둘째, 회사는 내 것이라는 CEO의 리더십이다. CEO가 '나 없으면 안 된다'는 생각이 강해 모든 일을 다 챙기고 의사결정을 한다. 임직원은 어느 사이 '이 정도만 하면 되고, 나머지는 사장이 다 한다'는 생각에 젖어 있다. 직원은 정시 퇴근하는데, 사장의 책상에는 아직도 결재판이 쌓여있다.

셋째, 조직과 개인의 비전과 목표가 없다. 조직의 사업계획과 목표는 결정하지만, 개인의 목표는 없다. '중소기업은 다 그래'라는 생각으로 개인의 비전이 없다. 시키는 일에 익숙하지만, 주도적, 자율적으로 일하지 않는다. 그러면서도 자신의 일에 누가 간섭하는 것을 싫어한다. 도와줄 여력도 없고 힘도 없다. 목표는 있지만, 과정관리가 안 되다 보니 악착같은 실행이 없다.

넷째, 본받을 사람이 없다. 존경할 선배가 없고, 가르쳐주는 사람이 없다고 한다. 체계적인 교육을 할 여력이 없다. 네 일이고 네가 알아서 하라고 한다. 매뉴얼과 기록이 없다. 있는 것은 전임자가 사용했던 파일과 자료뿐이다. 그나마 이런 자료라도 있으면 다행이다. 전임자가 퇴직하여 없는 경우도 많다.

다섯째, 주먹구구식의 인사제도이다. 성장과 성과를 독려하고, 철저한 점검과 피드백으로 결과가 창출되도록 인사제도가 뒷받침해 줘야 한다. 하지만, 인사제도를 살펴보면 하지 말라는 말이 많고 취업규칙 수준이다. 인사제도는 구성원의 성장, 성과 창출을 위한 동기부여와 질책으로 차별화되어 있어야 한다. 좋은 인사제도가 아닌 공정 기반의 조직과 임직원의 가치를 향상시키는 제도가 설계되고 운영되어야 한다.

여섯째, 참모의 부재이다. 사장의 일방적 의사결정에 뛰어난 참모들은 견디지 못하고 회사를 떠난다. 잔류하는 참모들은 사장의 말이라면 무조건 옳다고 순종하는 일종의 아부꾼이 된다.

일곱째, 내부지향적 지시 문화이다. 내부 지향적 문화의 특징은 나쁜 일은 보고하지 않고 알리지도 않는다. 모든 의사결정은 사장님만 바라본다. 가족적 분위기란 말을 많이 하지만, 사실 외부 회사 및 경쟁자와 싸워야 하는데 내부 임직원 간의 끼리끼리 문화가 심각한 수준이다. 매일 회의는 하는데 훈화 수준이고 다 정해 놓고 왜 회의를 하는지 모르겠다는 의견이 많다. 무엇보다도 신뢰가 부족하다는 말이 많다.

기업은 지속적으로 성장해야 한다. 망하는 기업이 아닌 구성원들이 일하고 싶은 기업으로 거듭나야 한다. 이 책은 누구나 알고 있는 그런 내용이다. 알기는 하지만 실천하지 않음으로써 기업이 점차 경쟁력을 잃어가는 모습이 안타까웠다. 조그만 나뭇 조각으로 메울 수 있는 구멍을 방치함으로써 큰 바위로도 막지 못하는 결과를 초래하는 것이 안타까웠다. 신입사원들이 꿈을 세우거나 펴지 못하고 회사를 이직하거나, 선배들과 마찬가지로 현실에 안주하는 모습이 매우 안타까웠다. 결국은 사람이다. 망해가는 기업들의 우수인재들은 떠난다. 기득권자들이 남아 10년 후나 자신의 후배들은 생각하지 않고 자신이 회사에 근무하는 동안에는 회사는 망하지 않는다는 생각으로 지낸다. 제도나 시스템을 개선하려고 하기보다는 기존의 방식을 더욱 공고히 한다.

이 책은 중소기업의 실상을 적나라하게 제시하고 있다. 대기업이 되는 전략이나 방안의 제시는 상대적으로 적다. 대기업이 되는 요령을 가르쳐 주기보다는 사업의 본질, 사람, 리더십 등을 먼저 생각하라고 권하고 싶다. 여러 사례와 특징을 보면서, 회사를 올바르게 이끌기 위해 무엇을 어떻게 해야 하나를 고민하기 바란다. 회사의 강점이 무엇인가 찾아 강화해 나가길 원한다. 혼자 대책을 세워 나가기보다는 임직원이 함께 토론하여 결정해 나가길 권한다.

집필을 하면서 고마운 분들이 많다. 삼성비서실, 삼성경제연구소, GS칼텍스, KT&G 등 직장 생활을 하면서 많은 인사이트를 주신 상사와 선배님, 동료와 후배님들이 있다. 사회생활을 하면서 많은 분들로부터 도움을 받았다. 한국HR협회, 인사노무연구회 회원, 인사 전문지인 월간 『인사관리』, 『인재경영』, 월간 『HRD』, 『HR Insight』의 편집장과 직원, 10년 가까이 도움을 준 한솔교육에 특히 감사드린다. 많은 기업들이 어려운 시기 큰 힘이 되어 주었다. 이 책에 언급하지 못함을 양해 바란다. 한국능률협회KMA, 한국생산성 본부, 한국공업표준협회, 지방공기업평가원, 전국경제인연합회, 한국경영자총협회, 한국경제신문사, HR에듀센터(인사드림), HR아카데미, 중도일보, '홍석환의 인사 잘하는 남자'를 실어 주는 한경닷컴, '홍석환의 3분 경영' 독자의 관심과 격려에 감사드린다.

항상 변치 않는 사랑을 전하는 아내, 시골에 계신 부모님의 건강을 빈다. 지혜롭고 든든한 큰딸 서진, 예쁘고 귀여운 서영과 사위에게 사랑을 전한다. 마지막으로 최선을 다해 교정을 보고, 옥고로 편집하고 한 권의 책으로 세상에 나오게 해준 도서출판 '행복에너지'의 권선복 대표에게 깊은 감사를 드린다.

2021. 6월
일산 호수공원을 바라보며
홍석환

목차

`Chapter 1`

사업의 본질을 이해하지 못한다

1

사업의 본질을
이해하지 못한다

{ 사업의 본질을 모른다 }

사업의 본질을 알고 환경에 따라 사업의 본질을 변화시키는가?

사업 환경이 변하고, 기존의 사업으로는 생존할 수 없다는 것을 알면서도 지금까지 자신의 의사결정과 행동의 기준이 된 가치를 바꾸기는 어렵다.

문제는 그 가치가 바꿀 수 없는 저항의 원동력이 되어, 성장의 부메랑이 되는 경우이다. 옹고집이 되어 닫힌 상태에서 타협하지 않으려 하면 곤란하다. 망하는 기업은 주변을 보지 않고 자신만의 울타리 안에서 고집스럽게 나아간다.

시계가 처음 발명되었을 당시의 시계업의 본질은 정확한 시간이었다. 사람들은 시간을 알기 위해 시계를 봤고, 시계는 멈추거나 고장으로 잘못된 시간을 알려 주면 안 되는 존재였다. 이후, 수많은 시계제조회사들이 오래가며 정확한 시계를 만들어 시간은 더 이상 차별화된 경쟁이 되지 못하였다. 그때 구찌라는 회사가 시계의 색상을 요일별로 바뀌게 하였다. 전 세계 사람들의 선풍적 인기를 얻은 이 시계는 정확한 시간을 알려주는 업의 개념에서 한 발짝 나아가 시계도 패션이 될 수 있음을 알렸다. 지금의 시계는 더 이상 패션의 단계에 머물지 않고 품격이라는 새로운 가치로 변화되었다. 운송수단으로서의 할리데이비슨은 혼다에게 시장 점유율을 내어 주었지만, 레크리에이션 수단으로서의 할리데이비슨은 미국인의 자존심으로 우뚝 섰다. 다이슨도 청소기 만드는 회사에서 실내의 깨끗한 공기를 만드는 회사로 업의 본질을 정의하고 세계 1등이 되었다.

하나의 가치에 매여 변화를 수용하려 하지 않는다

울산에 있는 화학 공장을 컨설팅할 때의 일이다. 회사는 기존 사업에서 벗어나 신규사업으로의 전환을 해야만 하는 시점에 서 있었다. 기존 사업은 더 이상 부가가치를 창출하기 힘들었다. 지금까지 회사가 추진해 왔던 신규사업에 매진해야 했다. 대표이사는 뭔가 비전을 다시 설정하고 핵심가치를 정해 구성원들의 동참을 이끌어 내고 싶어 했다. 비전은 대표가 결정했고, 이제 구성원 의견을 취합하여 핵심가치를 정하면 되었다. 처음 사무국은 4개의 핵심 가치를 생각했다. '도전', '열정', '창조', '신뢰'로, 신뢰를 기반으로 창조적 사고를 통해 열정을 다해 도전하여 새로운 문화를 이끌고 싶어 했다. 그런데 구성원 설문을 통해 나온 결과는 전혀 달랐다. 의도하지 않은 한 가치에 무려 80%의 인력이 몰렸다. 안전이었다. 그들에게는 신규산업이든 기존산업이든 안전만이 최고라는 인식이 뿌리 깊게 자리하고 있었다. 안전을 이야기하지 않고 도전하라고 하면 더 큰 사고가 발생할 것이라고 인식하고 있었다.

이러한 공장들의 본사는 대부분 서울에 있다. 공장과 본사 인력의 교류 차원에서 실시되는 직무 순환제도의 영향으로 본사 전략팀에도 공장 기획팀에 근무하던 사람이 올라와 근무하고 있다. 공장의 생산기획팀에도 본사 전략팀의 과장이 근무한다. 어느 순간 이들에게는 안전에 대한 강박관념이 내재되어 타 직원들에게도 전파되었다. 의사결정의 가장 중요한 요인이 안전이며, 안전에 저해되는 일을 추진하기란 불가능했다. 인력에 대한 조정도 안전사고의 위험이 있다고 하면 더 이상의 진전이 이루어질 수 없었다. 뭔가 혁신 프로그램을 도입하여 교육하고 싶어도 안전담당자라 자리를 비울 수 없다는 말 한마디면 예외가 되었다.

먼저, 사업의 본질을 알고 일하도록 해야 한다

사업의 본질을 모르고 일을 하는 것은 100m달리기를 하는데 무조건 달리라고 하는 것과 같다. 왜 달리며 무엇을 달성해야 하며 어떻게 효율적으로 할 것인가의 생각 없이 달릴 뿐이다. 방향이 없으니 어떤 상황이 발생하면 우왕좌왕하게 된다. 사업의 본질을 모르니 새로운 가치와 성과를 창출하기 어렵다. 자신이 속한 사업의 본질, 내외적 환경 변화, 어떻게 일을 추진해 가야 하는가의 업무 프로세스 등을 조직과 구성원이 명확히 알고 실천해야 한다. 성장하는 회사는 우리 회사는 왜 존재하며, 무엇을 하는 회사이고, 추구하는 바와 어떻게 해야 하는가에 대해 전 구성원이 동일한 답변을 한다.

우리는
중소기업일 뿐이야

A기업 A 사장의 혁신 사례

대기업 부품을 생산하는 한 기업을 컨설팅할 때의 일이다. 이 회사는 설비 중심의 장치 산업체이고, 설비 경쟁력이 그 회사 매출과 순이익의 대부분을 차지했다.

대규모 설비를 갖추기 위해서는 어마어마한 투자가 이루어져야 하지만, 부품 전부가 A전자에 납품되는 구조라 더 이상의 투자도 힘든 상황이었다.

전문 경영인인 A 사장은 현실에 안주하고 '했다 주의'에 물들어 있는 조직과 직원들에게 변화가 필요함을 인지했다. 사고의 전환과 일하는 방식의 전환을 중심으로 생산성 향상 운동을 전개하였다. 스피드, 개선, 도전과 열정, 품질과 납기, 자동화를 중심으로 매주 실적과 개선 사항을 점검하고, 조직

사업의 본질을
이해하지 못한다

을 우수, 보통, 미흡으로 3등분하여 발표하였다.

처음 몇 주 동안은 임직원이 움직이는 모습이 보였다. CEO가 경영회의 때마다 실적을 확인하고, 우수 조직보다는 미흡 조직에 있는 본부장을 엄하게 질타하였다. 상황이 이렇다 보니 다들 이전에 잘했던 것은 의미가 없음을 깨닫고, 미흡한 조직에 들어가지 않으려는 노력이 역력했다. 실적에 대한 피로감이 더해지면서 현장 이곳저곳에서 불만이 터져 나왔다. 우리가 이런 노력을 해서 회사가 성과를 높이면, 우리에게 무엇이 달라지냐는 주장이 나왔다. 우리는 A그룹의 협력업체로 A그룹이 수주물량을 줄이거나 늘리면 사업계획이 전부 의미 없는 자료가 되는데, 무슨 생산성이냐는 말들이 현장에서 쏟아져 나왔다.

A 사장은 조직과 직원의 불만을 알면서도 생산성 향상 운동을 지속적으로 전개해 나갔으나, 품질 수준과 생산성이 좀처럼 향상되지 않았다. 이때 글로벌 금융 위기가 발생하여 A그룹의 글로벌 판매 전략에 큰 차질이 생기게 되었다. 당초 계획의 60% 수준으로 생산량이 급감하였다. 이 여파는 부품 회사에 그대로 전파되었다.

생산성 향상에 주력해 온 회사 입장에서 물량 감소는 큰 충격이었다. 40% 가까이 생산량이 감소하여 현장의 시간 외 근무는 사라지게 되었다. 잔업수당이 없어지자 직원들의 불만은 극에 달했다. 회사가 어렵다는 것보다 당장 급여가 준 것에 대한 불만이 컸고, 이 불만은 전부 A 사장을 향해 이어졌다. "우리는 어쩔 수 없는 중소기업일 뿐이다. 중소기업은 대기업이 시키는 대로 할 수밖에 없다. 생산성도 좋지만, 사장이라면 그룹의 안정적인 물량을 가져오는 것이 역할이다. 그것도 하지 못하면서 의식개혁, 일하는 방식 전환이 무슨 소용이냐? 중소기업이면 중소기업처럼 살아가야 한다."

경영 TIP

직원과의 한 방향 정열이 중요하다

혼자 할 수 있는 일도 많지만, 길고 멀리 가고 높은 성장을 이어 가기 위해서는 함께 가야 한다. 혼자 할 수 있는 일은 한계가 있기 때문에 한 사람 한 사람이 지혜와 힘을 모아 한 방향으로 갈 때보다 높은 성과가 창출되고 기업은 지속 성장한다. CEO가 바람직한 모습을 제시하고 올바른 방향을 설정해도 혼자 실행할 수는 없다. 조직과 임직원이 그 모습과 방향을 공감하고 하고 있는 업무에서 실천해야 한다. 조직 전체가 바람직한 모습을 형상화하고, 그 방향과 전략을 따라 과제를 선정하고 악착같은 실행을 해도 글로벌 환경과 경쟁을 이겨 나가기 쉽지 않다. 하물며, 경영진의 방향과 실무 담당자의 생각과 실행이 따로따로 움직인다

사업의 본질을
이해하지 못한다

면 결과는 불 보듯 뻔한 일이다.

혁신하고 성장하는 기업은 2가지 특징이 있다.

하나는 가치관의 정렬이다. 우리가 왜 존재하며, 우리가 지향하는 모습과 목표가 무엇이며, 어떻게 달성할 것인가 한 방향 정렬이 잘되어 있다. 회사를 방문해 직원에게 물어보면 모두가 동일한 답변을 한다. 내재화뿐 아니라 업무에서 실천되고 있음을 알 수 있다.

다른 하나는 철저한 성과관리이다. 이들은 목표, 해야 할 과제, 달성 수준, 가중치와 진척도를 명확하게 인지하고 주 단위 피드백을 받는다. 목표와 과제가 연간 개념이 아닌 월 또는 분기 개념으로 짜여 있다. 직속상사와 목표를 선정하고, 달성 결과물에 대해 협의를 시작으로 주 단위 계획과 실적을 공유하며 피드백을 받는다. 높은 성과의 비결은 목표를 향한 철저한 과정 점검과 피드백에 있다. 직원들은 성과관리를 통해 성장하고 있고, 부서장은 자신이 성장을 이끈다고 믿고 있다. 더 중요한 점은 이러한 활동이 일관성 있게 지속된다.

{ 좋은 기술과
제품만 있으면 된다 }

사람이 아닌 시설이 더 중요하다

장치산업의 특성은 투자된 시설이다. 시설만 있으면 된다는 사고가 지배적이다. 장치 산업을 하는 제조업은 이러한 경향이 특히 강하다. 좋은 시설이 좋은 제품을 만든다고 생각한다. 화학제품을 생산하는 A산업은 100여 명의 직원이 연간 300억의 매출을 내고 있다. 직원의 대부분은 생산직이다. CEO는 좋은 기술과 제품만 있으면 팔린다고 강조한다. 문제는 좋은 기술과 제품을 창출하는 것이 사람이 아닌 설비라고 생각하는 데 있다. 사람은 그 설비를 운전하는 수단 정도로 치부한다. 매일 기계를 청소하며 청결 상태를 유지하라고 하며, 매일매일 생산량을 체크한다.

외국계 대기업 협력회사인 A산업은 지금까지 생산한 제

품을 100% 모기업에 납품했다. 제품의 질이 좋았고 납기 및 가격 조건이 좋았기 때문에 모기업은 A산업의 제품을 전량 구매했다. 하지만, 경영여건이 급격히 나빠지며 국내 노사갈등의 여파로 모기업 본사로부터 한국에 대해 주문하는 물량이 대폭 감소했다. 평소 물량의 30% 수준을 납품하게 된 A산업은 직원 급여를 줄 수 없는 여건에 처하게 되었다. 대부분이 생산직 직원이었고, 다른 판매망을 찾을 수 있는 역량이 되지 않았다. 영업과 마케팅뿐 아니라 경영관리 전반에 대한 역량이 떨어져 A산업이 할 수 있는 일은 생산량 조정에 따른 생산 인원의 무직 휴가, 자발 퇴직 유도밖에 없었다. A산업 CEO는 지금 회사는 매우 위기라고 강조하면서도 비용 절감과 인원 정리를 통해 문제를 해결하려고 한다. 우리가 가지고 있는 이 기술이 국내 최고 수준이며, 생산된 제품의 질도 높은 만큼 이 위기가 지나면 모든 일이 해결될 것이라는 막연한 기대를 하고 있다.

산업은 변하고, 갇힌 틀에서 벗어나야 한다

중소기업이 중소기업으로 머무는 이유 중의 하나는 현 사업의 굴레 속에 CEO를 포함하여 전 임직원이 갇혀 있기 때문이다. 환경은 급격하게 변하는데, 하나의 생각이나 원칙에 매여 있으면 환경이 바뀌었을 때 변화에 대한 선제적 조치가 불가능하다. 어려움과 위기가 닥치기 전에 변화의 방향을 읽고 사전 준비를 해야 한다. 영업망을 구축하고, 국내가 아니라면 해외로 진출하여 판로를 개척해야 한다. R&D인력을 채용하여 이들이 새로운 미래 먹거리를 개발해 내야 한다. 혁신 추진자를 선정하여 변화의 방향과 회사의 대응방안을 만들고 내재화하고 실천하도록 해야 한다. 하드인 설비도 중요하지만, 결국 사업의 본질과 변화를 이끄는 것은 사람이다. 사람의 경쟁력이 산업의 경쟁력이다. CEO가 이것이 안 되면 안 된다는 오로지 한 생각만 가지고 있다면, 중소기업은 그 수준에 머물 수밖에 없다.

사업의 본질을
이해하지 못한다

관리?
영업만 잘하면 되잖아?

우리 회사는 영업회사다

대부분 중소기업은 영업이 중요하다. 매출이 생겨야 개발과 생산이 움직인다. 영업담당은 무에서 유를 창출하며, 맨땅에서 결실을 맺기 위해 오늘도 고객사를 방문하고 새로운 고객을 만난다. 수많은 거절과 무관심을 경험하고 하나의 수주 내지는 계약을 체결하게 된다. 영업조직과 담당자의 노고를 모르는 것은 아니지만, 일의 시작이 영업에서 비롯되면서 매주 경영회의는 전부 영업실적회의다. 관리와 생산은 전부 1개 팀으로 구성되어 있지만, 영업은 3개 팀이다. 관리와 생산은 임원이 실적과 계획을 발표하지만, 영업은 3명의 팀장이 각각 발표를 한다. 전주 대비 실적, 금주 새로 개발한 업체, 차주 계획을 보고하면서 각 팀마다 CEO의 질책과 지시가 쏟아진다. 왜 지금 A기업을 방문하지 않았느냐? 경북지역은 누가 담당하기에 실적이 이 정도냐? 중요 업체의 담당 임원과 담당자가 바뀌었는데 알고 있느냐? 제안서 작성에 왜 며칠을 소요하느냐? 등 하나하나 질문과 질책 그리고 지시가 이어진다. 영업을 제외하면 10분이면 종료될 경영회의가 매주 2시간 이상 진행된다. CEO는 타 조직 부서장이 영업의 현실을 알아야 회사가 돌아간다며 전 부서장을 경영회의에 참석하도록 하고 있다.

경영관리본부장이 11월 업무연락을 통해 내년도 사업계획 작성을 양식과 함께 전송하였다. 영업 3팀장은 담당하는 기업의 특성상, 11월이 가장 바쁜 시기이다. 3팀장은 영업본부장에게 11월은 일이 너무 많기 때문에 사업계획은 12월 중순에 작성해 보고하겠다고 했다. 사실 3개 팀 중 2개 팀의 사업계획은 의미가 없다. 경영회의에서 영업본부장이 의견을 말하니, CEO가 그렇게 하라고 한다. 한 팀의 사정으로 회사의 사업계획 작성이 12월 중순이 되었다.

2월 승진 시기에 체류 연수가 되지 않지만, 4명의 성과가 높은 직원이 있었다. 경영관리 과장 1명, 생산 대리 1명, 영업에 차장 1명과 과장 1명이었다. 4명 모두 성과가 뛰어나고 성실한 직원이었다. 승진 사정을 하는 자리에서 CEO는 모든 조직과 직원의 회사 기여도는 다르다며 영업 2명에 대해서만 승진을 결정하였다.

회사에서 CEO와 저녁을 함께하는 것은 일정 규모가 넘는 회사의 경우 자주 있는 일이 아니다. CEO는 저녁이 없는 날에는 영업본부장에게 연락을 취해 시간 가능한 영업직원과 함께 식사를 한다.

CEO는 평소 직원들에게 "우리 회사는 영업이 전부다. 영업 수주가 없으면 회사는 생존할 수가 없다. 개발과 생산, 관리부서는 영업이 수주활동에 전념하도록 지원해 줘야 한다. 영업 부서에서 요청하는 일은 최우선으로 수행하라"고 누누이 말한다.

경영 TIP

회사는 한 부서가 아닌 통합 시스템으로 운영되어야 한다

영업이 중요하다는 것을 모르는 직원은 없다. 하지만, 회사에는 영업부서만 있는 것이 아니다. 영업이 전부라는 CEO의 생각과 행동에 영업을 하지 않는 젊은 직원들은 떠날 준비를 하거나 이미 퇴직한 직원도 많다. 조직 이기주의가 높은 회사가 성장한다는 말을 들어본 적이 없다. 회사의 제품과 서비스 가치체계는 어느 한 단계의 가치체계가 무너지면 전체에 심각한 영향을 준다. 원료-연구개발-생산-물류-마케팅-영업-재무-인사 모든 단계의 가치체계가 통합 시스템이 되어 유기적으로 작용하여 성과를 창출해야 한다.

{ 사명이 없거나
내재화되어 있지 않다 }

사업을 하면 안 중요한 것이 없다

근무하는 직장에서 주어진 일의 성과를 내려 노력했고 많은 성과를 냈다. 승진도 하였고 높은 연봉도 받았고 직장인의 꿈이라는 임원도 되었다. 한 기관의 기관장으로서 방향과 전략을 세우고, 과제를 해결하기 위해 담당자와 밤새 토론한 적도 있다. 인재개발원의 시설을 총괄하고 회사 내부 구성원으로는 가동률을 올릴 수 없어 교육시설을 외부에 개방하여 수익을 창출하기도 하였다. 매년 100억 이상 소요되는 비용을 조금이나마 줄이기 위해 노력도 했고, 새로운 경영 여건을 선도할 수 있는 인재를 선발하고 육성도 했다. 이렇든 자산 관리, 영업, 자본, 인재, 생산 등 기업 경영을 하면서 중요하지 않은 것은 없다. 하지만, 이들 요인들을 하나로 모으

사업의 본질을
이해하지 못한다

고 한 방향으로 가게 하는 이것이 없다면 이 모든 요인들은 모래성이 된다. 거친 파도에 휩싸여 흔적도 찾아보기 어렵게 된다. 이것은 바로 한 방향 정렬을 하게 하는 가치관이다.

1인 창업을 하고 사무실을 외부 임대하지 않고 서재를 집 무실로 하였다. 아내가 도와주지만, 대부분의 일은 혼자 처리한다. 1인 기업이든 1명의 직원이 있는 기업이든 1,000명이 넘는 기업이든, 회사가 왜 존재하는가? 회사가 추구하는 바람직한 모습 또는 목표는 무엇인가? 어떻게 목표를 달성할 것인가에 대한 가치관이 정립되어 있어야 한다. 가치관이 정립되어 있지 않으면 원칙이 없이 발생하는 상황에 따라 다른 생각과 행동을 하게 된다. 1인 사장에게도 고객은 있다. 만약 사장이 가치관이 없다면 고객은 오래 관계를 맺고 제품이나 서비스를 애용할 수 없을 것이다.

어떤 가치관을 수립하고 내재화할 것인가?

가치관 경영을 이야기할 때, 흔히 미션과 비전 그리고 핵심가치를 강조한다.

미션은 회사가 존재하는 이유이다. 사업과 연계하여 인류 사회에 도움이 되기 위해 이 사업을 한다는 경영자들이 많다. 왜 지속성장해야 하는가? 이 사업을 함으로써 무엇이 누구에게 도움이 되겠는가? 회사와 직원의 이익만을 추구한다면 인류와 국가에 해악이 되는 악의 무리와 다를 바 없고, 그들의 제품과 서비스는 존재해서는 안 되는 것들이 될 것이다.

비전은 달성하고자 하는 목표이다. 비전은 직원들을 한마음이 되어 끓게 만들고 악착같이 목표를 달성하려는 힘이 된다. 현재 세계 7위인 자동차 회사가 10년 안에 세계 1위의 자동차 회사가 되자고 하면 이것은 힘들지만 해볼 만한 비전이다. 매년 5% 미만의 성장을 하고 50조 매출에 1조 이익을 창출하던 회사가 10년 안에 100조 매출에 10조 이익을 내자는 비전을 선포했다. 각 사업본부는 2배 매출과 10배 이익의 청사진을 그리기 바빴고, 1달이 되지 않아 10년 계획은 수립되었지만 비전에 직원들의 혼이 들어가지 않았다. 그냥 해봤으면 좋겠다는 희망이며 상상이 되어 허상으로 끝났다.

미션과 비전이 실천되기 위해서는 어떻게 달성할 것인가를 이끄는 핵심가치가 내재화되어야 한다. 도전과 열정, 신뢰와 배려, 창의와 혁신 등의 핵심가치와 이를 실현할 행동특성이 구체적으로 제시되어 임직원을 이끌어야 한다.

시시각각 급격하게 변화하는 글로벌 경영 환경 속에서 변화를 읽고 한발 빠르게 고지를 선점하기 위해서는 조직과 임직원들이 한마음이 되어 한 방향으로 가야만 한다. 가치관이 정립되어 있다면 전 조직과 임직원들이 전력을 다할 수 있게 된다. 남의 미션, 비전, 핵심가치가 아닌 우리 회사만의 가치관이 있어야 한다.

전 임직원이 '회사가 왜 존재하는가? 회사가 추구하는 바람직한 모습 또는 목표는 무엇인가? 어떻게 목표를 달성할 것인가?'를 전부 인지하고 확고하다면 어떠한 상황에서도 흔들림 없이 정진하며 회사는 지속 성장의 길을 걸을 것이다.

고객 니즈보다 대기업의 협력회사가 먼저다

대기업 협력업체가 아니면 생존할 수 없다

A산업 구매팀 홍 팀장은 1,000여 곳의 거래 기업을 관리하고 있다. 관리 기업 중에는 회사가 원자재를 구입하는 회사도 있지만, 제품을 판매하는 기업도 있다. 홍 팀장은 기업을 크게 영업과 구매로 구분하고, 각각 3등급으로 나누어 유형별 차등 관리를 하고 있다. 영업에서 가장 중요하게 관리해야 할 초특급 회사는 S전자로, A산업이 협력회사이다. S전자는 매주 수량을 통보하고, 주 단위 재고관리를 하기 때문에 A산업의 사업계획과 생산계획은 거의 S전자에 좌우된다. 구매회사도 S전자가 정해준 3곳이 중요 소재를 납품한다. 이 4개 회사를 제외하면 다른 회사는 비중이 낮은 수준이다.

A산업은 매년 전 거래업체에 정도경영의 준수여부, 회사, 담당자, 제품, 거래 시 불편사항 등을 영업과 구매로 나누어 전자 설문을 실시한다. 다양한 의견이 수집되고 분석된다. 일부 내용은 프로세스와 가격 정책을 바꾸는 요인이 되기도 한다. 모든 분석 자료는 부서장을 거쳐 CEO에게 직접 보고되어 피드백을 받게 된다. 금번 설문에서는 긍정 피드백보다 부정 피드백이 상대적으로 높았다. 특히 신뢰할 수 없다는 내용이 많았다. 약속한 날짜에 제품이 도착하지 않거나, 납품된 제품의 불량도 있었고, 2~3번 재촉해야만 응답하는 담당자의 자세도 이슈가 되었다. 구매 파트에서는 대부분 갑질을 큰 문제로 꼽았다. 일정이 너무 촉박하게 주문하여 밤샘 작업을 하게 하고, 주문하고는 각종 핑계를 대며 취소하는 등 갑질 성격이 강하다는 내용이 포함되어 있었다. 사안 하나하나가 심각한 수준이었지만, 담당자들은 잘못은 없고 잘하고 있다고 주장한다. 대기업인 모회사의 요구를 들어주기에도 벅차다고 한다. 매일매일 요구 수준과 내용이 다르고, 주 단위 물량 계획을 수립해도, 준수되는 일이 거의 없고 매일 상황에 따라 편차가 크다고 한다. 워낙 중요 거래처이기 때문에 안 된다는 말을 할 수 없다고 한다.

자체 경쟁력을 갖지 않으면 성장할 수 없다

다른 판매처를 구한다는 것은 불가능하다. 이런 의도를 알게 되면 협력업체 지정에서 제외되고 주문 물량이 대폭 감소하거나 아예 끊기기 때문이다. 제품이 독보적 수준이거나, 타 회사에서 만들 수 없는 상황이라면 다르지만, 대부분 대기업이 동일한 제품을 여러 협력업체를 통해 구매하기 때문에 더욱 의존할 수밖에 없는 구조이다. 대기업의 협력업체에서 벗어나 독자적으로 생존할 수 없는 이유 중 하나는 다른 대기업도 이미 협력체제를 구축하고 있어 그 틈을 파고 합류하기가 낙타가 바늘구멍에 들어가기보다 어렵다는 것이다. 결국 대기업의 정해진 틀 속에서 머물게 되고 대기업의 경영환경에 따라 매출과 이익이 춤을 추게된다. 대기업 협력업체를 유지하는 것이 회사의 가장 중요한 경쟁력이기 때문에 다른 고객의 니즈보다 항상 의사결정의 우위에 서게 된다.

대기업과의 상생경영은 매우 중요하다. 이 또한 경쟁력을 갖고 있을 때의 상황이다. 자체적으로 세계적 수준의 품질과 개발 등의 경쟁력이 있다면, 부품회사이지만 완제품을 만드는 회사들에게 영향력을 줄 수있다. 하지만, 범용 제품 수준이라면 끌려다니다 더 나은 품질과 원가의 회사가 있으면 하루아침에 거래가 끝날 수 있다. 신뢰 이전에 자체 경쟁력이 중요함을 잊지 말아야 한다.

{ 도전하고 연구할 여유가 없다 }

A 사장의 도전

A 사장은 2세 경영자로 미국에서 석사 학위를 받고, 국내 대기업에서 5년간 근무한 후에 A산업에 부장으로 입사해 10년간 팀장과 임원 생활을 하고 작년에 CEO가 되었다. 독자적인 기술과 제품의 우수성으로 업계에서는 이미지가 좋은 우량 중소기업이지만, 국내 시장의 성장 한계로 인하여 매출은 항상 제자리 수준이었다. 창립멤버들의 안정 지향의 사고, 기존의 프로세스와 고객에 머물려는 직원, 조직 등 전반적으로 역량 수준이 높지 않아 해외 진출은 생각하기 어려운 상황이었다. A 사장은 함께 수학한 후배를 R&D 본부장으로 영입하여 연구개발에 박차를 가하고자 했다. A 사장은 현재의 매출과 이익은 한계가 있는 만큼 새로운 제품이나 사업을

개발하지 않고는 지속성장은커녕 생존할 수 없다는 위기감
이 있었다.

A 사장이 추진한 또 하나의 과제는 미국 진출이었다. 현재
독자적인 기술과 제품을 기반으로 미국 대기업의 한국 협력
업체 또는 독자적 판매를 겨냥하고 미국에서 함께 생활한 지
인을 해외사업 본부장으로 영입했다.

야심에 찬 A 사장의 도전과 연구개발은 1년이 지나지 않
아 무산될 상황이 되었다. 기존 임원들의 보이지 않는 집단
반발이 가장 큰 이유였다. 경영관리를 맡고 있는 창업자의
최측근은 미국 시장 진출에 대해 반대가 강했다. 될 수 없는
일, 밑 빠진 독에 물을 쏟아부을 수 없다는 것이 입장이었다.
사무실 개소와 직원 채용부터 부정적이었고 의도적으로 지
원하지 않았다. 미국 대기업 실사에 중요 자료를 제공하지
않거나, 부정적 자료를 제공하여 탈락하는 계기가 되었다.
해외사업 본부장은 6개월도 되지 않아 소송을 제기하고 미
국으로 출국했다.

연구개발팀을 구성하였으나, 중소기업의 특성상 우수한
인력을 채용할 수 있는 여건이 되지 않았다. 생산과 품질팀
에서 대학을 졸업한 3명을 발령 내어 R&D 본부장이 중심이
되어 3개년 중기 계획을 수립하였다. 하지만, 연구개발은 할
수가 없었다. 생산 현장의 과제에 대해 연구개발팀이 개선활

동을 해야만 했다. 1차 거래처에서 클레임이 제기되면 연구
개발팀이 가서 처리해야만 했다. 매일 야근을 하지만, 연구
개발이 아닌 개선과 클레임 처리가 대부분이었다. R&D 본
부장도 현실을 알고 있기 때문에 반대할 수 있는 입장이 되
지 못했다. 혼자 연구실에서 연구개발 업무를 수행하였지만,
지원해 주는 연구원이 없는 상태에서 지속하기란 한계가 있
었다. 타 부서의 협력도 미온적이었다. 다들 두세 개의 과제
를 가지고 야근을 하는 상황에서 성과를 기대하기 어려운 과
제에 인력이나 지원을 해 줄 수 있는 여유가 없었다. 1년이
되는 시점에 R&D 본부장은 연구개발이 실패한 5가지 이유
라는 보고서를 제출하고 퇴직하였다.

경영 TIP

혼자만의 힘으로는 성과가 불가능하다

해외진출이라는 도전과제, 새로운 제품 개발 등 R&D가 중요하다는 것
은 누구나 다 알고 있다. 이를 추진하려면 사람만으로는 부족하다. 이
것이 아니면 안 된다는 전사적 위기감과 지원이 있어야 한다. CEO가
회사의 사활을 걸고 악착같이 추진해야 한다. 현재 사업이 일정 기간과
수준 이상 받쳐줘야 한다. 중소기업에 이러한 터전을 만들기에는 주어
진 시급한 과제가 너무 많다.

생산, 우리는 수주산업이야

A 부사장의 생산 혁신

공장 자동화 설비를 생산하고 시스템을 구축하며 컨설팅하는 A산업은 200명 규모의 매출 350억을 달성하는 중견기업이다. 30년 역사를 자랑하며 자동화기기 생산에 높은 기술력을 보유하고 있다. 창업주인 김 회장은 자동화 설비 생산에서 출발하여, 공장 자동화 컨설팅, 중국과 미국 진출 등 사업 다각화에 많은 공로가 있다. 아직 현직에서 사업방향과 의사결정을 진두지휘하며, 창립 멤버인 본부장들과 함께 외부 영입 임원 없이 사업을 이끌고 있다. 3년 전부터 장남이 생산본부장으로 경영수업을 받고 있다. A 부사장은 생산이 회사의 모체이며 경쟁의 원동력이라는 생각이 강하다. 생산 현장의 5S운동을 철저히 추진해 왔고, 품질개선과 전문성 강화뿐 아니라 선진 산업 시찰을 통한 견문 확대를 이끌었다. 하지만 생산 효율화는 한계가 있다고 생각한 A 부사장은 기술팀과 연구개발팀을 신설하여 현장 중심의 개선활동은 기술팀에서 담당하고, 기초 장기 개발업무는 연구개발팀에서 담당하게 하였다. 생산 공장의 환경개선에도 큰 변화가 일어났다. 내부 정리정돈은 물론이고, 휴게실과 소회의실 마련, 공장 도색, 전체가 볼 수 있는 전광판, 기계에 자신의 이름 붙이기, 제품 실명제 등을 도입하여 현장 혁신을 주도하였다.

어느 날, 김 회장이 A 부사장을 불러 생산 본부의 혁신활동에 대한 설명을 들었다. A 부사장은 공장 자동화 설비를 제조하는 회사인 만큼 점차 자동화 비율을 높여 5년 안에 생산 현장의 자동화율을 80% 이상 가져가겠다는 의지도 표명하였다.

김 회장은 A 부사장에게 "우리 회사의 업의 본질은 무엇이냐?"고 물었다. A 부사장이 머뭇거리자 "우리는 생산이 아닌 수주 산업이며, 회사의 존속은 수주에 달려있다"고 강조했다. 일정 수준 이상의 수주가 발생하지 않는다면, 생산된 설비는 재고가 될 것이며 재고 비용을 회사가 감당하기에는 한계가 있다며 생산본부장에서 영업본부장으로 자리를 옮겨 회사 전체를 보라고 지시했다.

결국은 오너, 오너의 길고 멀리 보는 안목이 경쟁력

중소기업의 임원들은 CEO의 생각과 의사결정에 무조건 따르는 경향이 짙다. 오너인 CEO의 심기를 불편하게 하지 않으려는 생각도 있지만, 기본적으로 한 분야의 전문가이고 종합적으로 사고하는 방법을 배우지 못했다. 앞만 보고 바쁘게 현장의 이런저런 일들을 처리하기에 바빠 경영 전반을 보며 고심하고 해결하는 역량을 갖추지 못했다. 반면, 자신이 담당하고 있는 직무는 현 상태가 어떻고, 무엇이 문제가 될 것이며, 어떻게 고쳐 나가야 하는가에 대해 잘 알고 있다. 하지만, 타 본부의 일에 대해서는 대충 알기는 하지만, 해결할 수 있는 역량이 되지 않는다. 체계적으로 경영자로 육성 단계를 밟지 않았기 때문에 시각이 좁다. 회사의 사업 본질에 대한 이해보다는 내가 담당하는 일에 문제가 없는 것을 우선했기 때문에 그 직무의 틀에서 벗어나지 못하고 있다. 오너경영이 강한 이유이며, 오너가 얼마나 길고 멀리 보는가와 그릇 크기에 따라 중소기업의 성장은 좌우된다.

제조업의 경쟁력은
사람이 아닌
기계 자동화

화학공장 컨설팅 사례

매출이 500억 가까이 되는 A회사의 인원은 100명 수준이었다. 인당 매출이 매우 높은 이유는 장치산업이 가지고 있는 특성 때문이었다. 구성원의 대부분은 생산직이었고, '회사를 먹여 살리는 것은 우리'라는 자부심이 매우 높았다. 1:1 면담을 추진하면서 특이한 현상을 발견했다. 이들은 자기계발을 하지 않는다. IT기업과 같이 스피드와 글로벌 경쟁이 심한 기업을 방문하면, 퇴근 후 어학공부를 하거나, 자신의 가치와 전문성을 높이기 위해 많은 시간을 투자한다. 늦게 퇴근하면서 일을 배우거나, 휴일에도 집에서 쉬기보다는 뭔가 노력을 한다. 그러나, 이 회사는 주말에는 주위 산이나 바다로 여행을 간다. 구성원 대부분이 골프 실력이 대단하다. 신입사원들도 제일 먼저 구입하는 것이 차량이다.

회사 이익의 80%는 설비 경쟁력이다

왜 자기계발을 하지 않냐고 물었다. 입사하여 설비를 운용하는 기술은 2~3년만 배우면 더 이상 배울 것이 없다고 한다. 중요한 것은 기계가 잘 돌아가는 것이고, 특수 상황에서 안전을 유지하기만 하면 된다고 한다. 이익의 80%는 시설에서 창출되기 때문에 이익을 더 내고 싶으면 시설 확장을 위해 투자하기만 하면 된다고 한다. 그래서인지 이 회사 CEO는 기술과 전혀 관계없는 경영자가 임명된다. 이익의 80%가 시설에서 창출된다면, 나머지 20%는 사람에 의해 창출되는 것 아니냐고 물었다. 20%는 외부 변수란다. 환율이나 제품원가 또는 제품가격의 변동이 20%만큼 영향을 준다고 한다. 시설을 운용하는 가장 중요한 핵심요인과 외부 변수를 관리하는 핵심 요인, 모두 사람이다. 결국 사람에 의해 좌우되건만 그들은 시설이라고 한다.

더 이상 배울 것이 없다는 생각이 발전을 가로막는다

그들에게는 설비만 돌리고, 사고가 일어나지 않으면 된다는 생각이 강하다. 설비가 고장 나면 공무부서에 연락하여 고치게 한다. 자신들이 고치려 하지 않는다. 자신들은 운용하는 업무이지 수선하는 업무가 아니라고 한다. 운용하다가 설비가 멈추면 궁금하지도 않냐? 자신이 다루는 기계를 자신이 가장 잘 알지 않냐고 물었다. 선배들에게 배우지 않았고, 운영매뉴얼에 있는 조작법만 배웠다고 한다. 심한 경우, 만약 내가 설비를 고치면 공무부서는 뭘 하느냐고 반문한다. 현장에서 일어나는 일을 현장에서 즉결 처리한다면, 회사의 이익은 큰 폭으로 상승할 것이다. 설비 운용 단계와 더불어 고장조치까지 스킬과 경험을 쌓게 한다면, 그 분야의 전문가가 될 수 있으련만, 그들은 내가 왜 더 배워야 하냐고 생각한다.

사람에 대한 투자가 엉뚱한 방향으로 쓰이고 있었다. 구성원들의 스킬과 경험을 높여, 본인의 가치, 생산성, 나아가 성과를 올리는 것이 좋은 회사이다. 그러나 이 회사는 저녁 회식이나 야유회 등으로 경비를 사용한다. 먹고 마시는 것이 구성원 간의 정을 돈독하게 한다고 생각한다.

각 부문 파트의 중요성을 모른다

후공정을 배려하지 않는 절차와 문화

중회의실에서 고성이 오간다. 개발팀장과 생산팀장이 서로 책임을 지지 않으려고 원인규명에 열을 올리고 있다. "작업 프로세스상 이 제품은 이 단계에서 이 정도 수준이 되었어야 하는데, 완벽하지 않은 시제품을 생산 현장에 내려보내면 어떡하느냐? 생산이 개발까지 하라는 것이냐?"는 생산팀장의 주장에 "개발팀이 무에서 유를 창출하는 부서이긴 하지만, 이 제품은 지금까지 해왔던 개선 차원이 아닌 특별 프로젝트였다. 생산에서 이후는 맡아줘야 한다."고 응수한다. 논쟁이 끝날 것 같지 않다.

많은 제조업은 원재료의 유입부터 제품 출하까지의 세부 공정이 있다. 어느 한 공정이 잘못되어 다음 공정으로 가

사업의 본질을
이해하지 못한다

게 되면, 불량이 되거나 작업이 중단될 가능성이 높다. 그러므로 자신의 공정만 잘해야 한다는 생각을 버리고, 후공정이 잘할 수 있도록 전 공정에서 책임을 져야 한다. 같은 팀에서 전체 공정이 이루어질 경우, 대부분 문제가 발생되지 않고 일이 매끄럽게 처리된다. 하지만, 팀이나 본부가 다르면 문제가 발생한다. 함께 일하지 않고, 리더와 업무의 특성이 다르기 때문에 잦은 소통과 협력이 바탕이 되지 않기 때문이다. 서로에 대해 충분히 알고 신뢰가 쌓이지 않으면 갈등이 발생할 수밖에 없다.

A회사에 근무할 때의 일이다. 이 회사의 밸류체인은 원료 구입- R&D- 생산- SCM- 마케팅 및 영업- 유지 관리 및 지원으로 구성되어 있다. 원료본부는 세상에서 가장 질 좋고 양 많은 원료를 값싸고 빠르게 구입해야 한다. 구입만 잘했다고 원료본부의 역할이 끝나는 것이 아니다. 이 원료를 생산본부에서 가장 효율적이고 효과적으로 생산할 수 있도록 수급조정을 해줘야 한다. 원료본부는 20만 톤을 구매했는데, 생산본부는 10만 톤만 생산할 수 있다면, 10만 톤은 재고가 되어 보관비용까지 부담하게 된다. 이때의 보관비용은 누구의 잘못인가? 생산물량을 확인하지 않은 원료본부인가? 물량을 알려주지 않은 생산본부의 부담인가? 결론적으로 생산 구매 협의를 하지 않은 상호 책임이다. R&D본부가

추진하는 시제품은 A인데, 원료나 생산본부가 추진하는 제품은 B라면 역시 문제와 갈등이 발생한다. 상호 사전 미팅을 하고, 이전과 이후 공정에서 무엇을 하고 있고 무엇이 중요하며 어떻게 해줘야 하는가를 안다면 문제와 갈등은 대부분 해소될 것이다.

경영 TIP

타 부서와 후공정의 이해가 선행이다

타 부서와의 문제와 갈등을 해결하고 협업을 이끌어 내기 위해 2가지 방안을 모색하였다. 하나는 주 단위 생판회의 실시이다. 생산과 판매에 연계된 각 부서장이 모여 계획부터 세부 일정을 전부 공유하고, 지원과 협조 사항을 논의하는 것이다. 다른 하나는 전사 교육의 실시이다. 밸류체인 교육으로 원료부터 지원부서의 업무를 단계별로 나누어 각 분야 전문가를 통해 설명을 하게 하였다. 어떻게 이루어지며 무엇이 중요한가를 설명하면서 후공정 지원을 강조하였다. 나아가 월별 전사 팀장 회의를 실시하였다. 매월 발생한 문제, R&R갈등, 칭찬 사례 등을 소개하여 무엇이 발생했고, 어떤 결과를 낳았으며, 무엇이 문제였는가를 강조하였다.

중소기업의 각 팀은 그날 해야 할 일이 많고, 내 일이 아니면 남의 일에 신경 쓸 시간도 생각도 없다. 실무자가 상황을 알고 선제적 조치를 하기는 불가능하다. 부서장이 조치해야 한다. 부서장이 다른 파트에 대해 관심이 없으면 문제는 계속 발생할 수밖에 없다. 시스템에 의한 관리가 아닌 사람에 의한 관리가 이루어지고 있기 때문이다.

사업의 본질을
이해하지 못한다

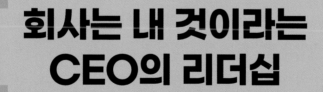

회사는 내 것이라는
CEO의 리더십

{ 모든 것을
다 챙기는 사장 }

A기업의 A 사장

화장품을 생산 판매하는 A기업은 매출 3천억에 100여
명이 근무한다. 생산된 제품은 온라인 영업으로 주로 판매
된다. 업의 특성상, 직원의 90% 이상이 30대 이하의 여성
이다. 건물 내부의 인테리어는 매우 깔끔하고 세련되며 지방
에 위치하고 있지만, 식단은 항상 샐러드와 생선이 있어 매
일 기대되는 맛있는 메뉴가 펼쳐진다.

생산은 1곳에서 전부 이루어지지만, 영업은 1팀에서 4팀
으로 나누어져 있고, 팀 간 경쟁도 치열하다. 온라인 영업 이
외 직판을 담당하는 팀이 있었다. 관리팀은 한 곳으로 이곳
에서 회계, 인사, 총무, 구매업무를 수행한다. 20년 된 회사
로 처음 3명이 시작할 때와 동일하게 A 사장은 오너로 하나

회사는 내것이라는
CEO의 리더십

에서 열까지 전부 챙기고 있다.

7개 팀은 있어도 팀장은 없다. 회사 직원들의 직급도 없다. 전부 ○○님이라 호칭한다. 직책도 직급도 없기에 승진도 없다. 재직년수에 무관하게 개별 연봉제로 보상이 결정되며, 누가 얼마 받는가 묻는 것은 금기이다. 매년 연봉 인상이 개인별로 다르게 책정된다. A 사장은 아침에 출근하여 하는 일과가 각 팀을 돌며 개별 업무보고를 받는 것이다. 급한 일이 발생한 직원은 사장이 있는 곳을 찾아 미팅 중에 양해를 구하고 일을 처리한다. 이 회사에서는 이런 일이 당연하다고 인식되어 있다. 식사는 대부분 일의 연장이다. 업무보고 또는 지시를 하다가 점심시간이 되면 함께 간다. 구내식당에서 식사를 하고 바로 미팅이 이루어진다. A 사장이 해외 출장이나 개인 사정이 생겨 회사를 비우게 되면 모든 결정사항은 메일로 이루어진다. A 사장은 매일 생산을 제외한 거의 전 직원을 만나 업무를 보고받고 지시한다. 직원들은 퇴근하기 전까지 당일 수행한 일과 내일 해야 할 중요 업무를 일일보고 형태로 입력해야만 한다. A 사장은 퇴근 후 이 내용을 보고, 개인에게 지시할 사항을 점검하고 평가를 한다. 이 회사에서 일일보고를 작성하지 않는 것은 생각할 수가 없다.

회사 정문의 보안담당과 우연한 기회에 커피 한 잔을 하게 되었다. 자신은 계약직이지만, 직원들이 불쌍하다고 한다. 젊은 직원들의 얼굴에 웃는 사람이 없다고 한다. 사장이 회사에 오지 않는 날은 퇴근이 빨라지며 점심도 밖에 나가 먹는 직원이 많다고 한다. 헬스장에도 가고 산책을 하는 직원도 있다고 한다. 하나에서 열까지 모두 챙기는 사장 때문에 받는 스트레스가 매우 큰데 사장은 알고 있는지 모르겠다고 한다.

직원들에게 애로사항이 무엇이냐고 물었다. 어떻게 해야 할지 모르거나 안 좋은 일이 발생했을 때, 개인적으로 해야 할 이야기가 있을 때, 사장이 아닌 언니 같은 선배 수준의 조언을 받고 싶지만 팀장이 없어 힘들다고 한다. 모두가 사장님 지시사항이라고 하라고 하는데, 사장님 지시사항 아닌 것이 없어 조율이 안 된다고 한다. 타 부서에 협조를 받으려면 전부 본인이 해야 하는데, 성격이 좋지 않은 선배에게 부탁하기 어려울 때가 많다고 한다. 모든 일을 사장님에게 다 말할 수 없다. 보고를 하면 즉각 조치해 주는데 상대 입장에서 보면 고자질한 것처럼 느껴지게 해 직원과의 관계를 어렵게 만든다고 한다.

회사에서 사장과 20년 가까이 근무한 가장 연장자를 만났다. 이 회사에서 가장 오래 근무한 것은 맞지만, 20살 어린 후배들이 전부 ○○님이라 부르고, 직책이 없기 때문에 담당자로 평가받는 것이 힘들다고 한다. 사장에게 여러 번 이야기했지만, 자신이 다 하지 않으면 불안해하는데 무슨 소용이 있냐고 한다.

경영 TIP

내가 다 해야 한다는 사장에게 중간 관리자는 존재할 수 없다

사장에게 정리하여 보고하면서, 조직별 중간 관리자를 임명하고, 관리자 중심의 지시와 보고 체계를 갖추는 것이 어떻겠느냐 조언하였다. 계속 이렇게 갈 수는 있지만, 성과는 갈수록 떨어질 것이고, 지시받은 일만 하는 문화가 조성되며, 무엇보다 사장이 일에 지쳐 병원에 가게 된다고 강조했다.

모든 일을 다 챙기는 사장에게는 몇 가지 특징이 있다. 이렇게 하는 것이 자신이 해야 할 일이라고 생각한다. 직원의 수준이 높지 않기 때문에 한 명씩 자신이 가르쳐 일정 수준까지 올려야 한다고 생각한다. 기본적으로 직원을 믿지 못한다. 무엇보다 회사는 자신의 것이라는 생각이 강하다. 일이 잘못되면 안 되기에 이렇게 하지 않으면 큰일이 생긴다고 믿고 있다. A 사장은 오늘도 가장 늦게 퇴근한다.

{ 너 없어도
할 사람은 많다 }

높은 학력과 역량 수준의 CEO에게 비치는 직원의 모습은?

서울에서 대학을 졸업한 홍길동 씨와 면접요령에 대한 미팅을 가졌다. 중상위 학교 경영학과를 졸업하였지만, 서류전형과 면접에서 계속 떨어져 자존감이 많이 떨어져 있는 상황이었다. 원하는 회사와 직무에 대한 질문을 하던 중 지역에 대한 니즈가 유난히 강하다는 것을 알게 되었다. 자신이 지방출신이기 때문에 지방에서 근무하는 것이 싫다고 한다. 지방의 범위를 어떻게 생각하고 있냐 하니 서울 이외의 지역은 전부 지방이라고 한다. 서울에서 대학을 나왔으니 서울에 있는 직장에서 근무하고 싶다고 한다. 원하는 기업도 공기업과 대기업이었다.

지방 중견 중소기업의 경우, 지방의 전문대와 대학 출신들이 많다. 문제는 기업을 창업한 CEO는 서울 명문대학 출신이 압도적으로 많다. 이들의 눈에는 직원들의 역량이나 하는 일들이 눈에 찰 리가 없다. 그냥 주어진 일, 시키는 일을 성실하게 해주면 좋겠다는 생각이 강하다. 서울 명문대학 출신들을 뽑고 싶지만, 오지도 않고 온다고 해도 오래 근무할 것 같지 않아 포기할 뿐이다. 하지만, 일하고 있는 직원들을 보면 많이 부족하다는 생각이 든다. 비교의 대상이 자신이고, 서울 세미나 또는 교육에서 만나는 직원들을 보면 다들 세련되고 똑떨어지는데 우리 직원은 아직 멀었다는 생각이 든다.

A 사장의 얼굴이 몹시 상기되어 있다. 몇 번 주의를 준 일이 또 잘못되어 많은 불량이 발생하였다. 현장에 내려가 공장 라인을 정지시키고, A 사장은 담당자인 B 과장을 불렀다. "B 과장, 이것이 도대체 몇 번입니까? 그렇게 주의를 줬는데 또 불량입니까? 일을 어떻게 이렇게 해요?" B 과장은 고개를 숙이고 죄송하다는 말만 한다. A 사장은 화를 참지 못하고 "이렇게 일할 것 같으면 나가요. B 과장 없어도 회사는 돌아가고 일할 사람 많아요." 소리치고 현장을 떠난다. 주변의 많은 직원들은 B 과장의 눈치를 본다. 현장 팀장이 달려와 B 과장의 어깨를 치며 열심히 하라고 한다.

내부 직원의 불신이 성장 한계의 원인

화가 나서 불쑥 튀어나온 말이라고 하지만, "그만 둬라", "당신 말고 일할 사람 많다"는 말을 달고 사는 CEO들이 있다. 이들의 심정에는 자신과 함께 일하는 직원들의 학력이나 역량 수준이 많이 떨어지고 있다고 생각한다. 평생 함께하거나 중요한 업무를 맡기기에는 턱없이 부족하다고 생각한다. 내부 직원을 믿을 수 없으니 자연 외부 인재를 영입할 생각을 한다. 강하게 육성시키겠다는 생각보다는 어느 직급이나 나이가 되면 알아서 나가줬으면 하는 기대가 있다. 그 정도 일은 누구나 할 수 있다는 생각을 가지고 있기 때문에, 회사는 그 정도밖에 성장하지 못하는 것 아닐까?

{ 전결규정이 왜 필요해? }

있으나 마나 한 전결규정

A회사는 1년 가까이 시간을 두고 회사의 전결규정을 정비하였다. 지금까지의 전결규정은 5년 전에 작성되어 많은 부분 수정이 불가피하다는 인사팀의 제안에 따라, 전 조직의 전결규정을 개정하게 되었다. 이전의 자료를 해당 부서에 배포하고, 전결 사항과 전결권자를 조정하고, 불필요한 전결규정은 삭제하고 새로운 규정은 포함시켰다. CEO는 각 팀의 전결규정 변경사항을 놓고 최종 의사결정을 하였다.

"규정이 있는데, 왜 보고해야 하나요?"

B 과장은 팀장의 결정을 이해할 수가 없었다. 팀장의 예산 전결권은 500만 원이었다. 새로 사무용 PC를 구입하기 위해 소요되는 예산은 350만 원이고, 팀 예산에 기 반영되어 있는

상황이었다. B 과장은 품의서에 팀장 전결로 하고 PC구입을 요청하였다. 팀장은 최종 의사결정자를 상무로 하고, 회계팀의 합의를 받으라고 반려했다. "팀장님, 전결규정에는 팀장님 전결사항인데, 상무님까지 갈 필요도 없고, 연초 경영예산에 승인된 상황입니다. 회계팀에 합의받을 필요가 없습니다."라고 했지만, 시키는 대로 하라고 한다.

팀장만이 아니었다. 임원들도 CEO에게 사소한 보고까지 전부 다 이야기한다. A 상무가 새 전결규정에 따라 업무를 추진했다가 CEO로부터 "네가 무슨 권한이 있다고 보고도 없이 이렇게 일 처리해."라는 질책을 들었다. 간혹 전결사항을 보고하지 않고 실행했다가, 속수무책으로 질책을 받다 보니 모든 임원들이 사소한 것도 CEO에게 보고를 했다. CEO는 이런 일도 나에게 보고하냐 하면서 즐기는 듯하다.

모든 사소한 보고를 받는 CEO는 직원들에게는 '나는 중요한 업무만 보고받는다.'고 한다. 주간업무회의를 마치고 CEO의 지시에 따라 'CEO와의 일문일답' 시간을 갖게 되었다. 임직원의 허물없는 질문을 기대하였지만, 질문하는 직원이 없다. CEO는 경영현황에 대한 설명을 간단히 하고, "질문이 있으면 하라"고 했다. 기획팀의 B 과장이 "대표이사님, 임원들과 팀장들이 사소한 보고까지 전부 대표이사님께 올리다 보니, 의사결정이 늦어지는 것 같습니다. 전결규정에 의거, 권한과 책임을 강화해 나가는 업무처리에 대해 어떻게 생각하십니까?"라고 질문했다. 순간 좌중이 술렁거렸다. "나는 임원들에게 중요한 사안에 대해서만 보고받고, 대부분은 각자 책임감 있게 처리되고 있다"는 대표이사의 대답을 들을 수 있었다. 다음 날, B 과장은 본부장과 함께 주간 업무 실적 및 계획 보고서를 들고 대표이사 사무실 앞에서 앞 사람이 보고가 끝나길 기다렸다.

경영 TIP

소신 있게 책임지는 문화를 만들어 가야 한다

중소기업 CEO 중 일부는 사람을 믿지 못하는 것도 하나의 이유이지만, 내 사업이기 때문에 잘못되면 안 된다는 의식이 강하다. 자신이 알고 결정을 내려줘야 한다는 강박감이 전결규정을 만들어도 무용지물이 되게 한다. 실패가 용인이 되지 않고 CEO가 전부 알아야 하는 문화에서는 전결규정이 무의미하다. 이런 회사에서는 팀장과 임원이 의사결정을 하지 않았고, 잘못되면 저번에 보고 드린 사안이며 상황 때문에 어쩔 수 없다고 한다. 아무도 책임지려 하지 않는다. 모든 일의 최종 결정은 대표이사이다. 부서장에게 당당하고 소신 있게 결단을 내리고 실행하라는 말은 의미가 없다. 회사가 한 단계 성장하기 위해서는 일이 잘못되어도 실패를 감추려 하지 말고, 소신 있게 자신이 책임지는 문화가 정착되어야 한다. 사람에 의한 경영은 한계가 있다. 조직과 직원이 증가되면 제도와 시스템을 구축하여 시스템에 의한 경영이 구축되어야 한다.

{ 한 사람 목소리밖에 없는 경영회의 }

매주 실시하는 경영회의

월요일 9시면 어김없이 CEO 주관의 경영회의가 시작한다. 각 본부장들은 1주일간의 실적과 금주의 계획에 대해 금요일 오후에 제출한다. 기획팀장이 이를 정리하여 월요일 회의가 진행된다. 처음에는 각 본부장이 돌아가며 이야기를 나누었으나, 회의 효율화를 이유로 CEO가 각 본부의 내용을 보며 궁금한 것을 묻는 식으로 진행된다. 항상 CEO는 전체 실적에 대해 이야기를 꺼낸다. 작년 대비 몇 % 수준이며 금년 계획 대비 몇 %로 미흡하다는 질책이 이어진다. 모든 본부는 계획 자체가 무리였다고 생각한다. 비상경영이라며 전년 대비 매출을 40% 올리고 수익은 50% 향상으로 금년 계획을 잡았다. 전년 대비 114%의 향상을 가져가지만,

목표 대비 항상 70% 수준밖에 되지 않는다. CEO는 "비용절감방안을 지시하였는데, 아직도 점심시간에 사무실에 불이 켜져 있다"고 지적한다. "7시만 되면 다 퇴근했는지 사무실이 텅 비어 있는데, 불은 다 켜져 있다"고 한다. 종이컵과 이면지 이야기가 이어진다. 실행이 늦은 부서는 1시간 내내 호통을 듣는다. 본부장이 이렇게 주관이 없으니 직원들이 만만하게 보고 일을 서둘지 않는다고 한다. 자발적으로 계획을 세워 오는 부서는 없고, 주인의식은 찾아볼 수 없다. 직원들을 출장 보내거나, 교육시키는 것에 대해서는 민감하게 반응한다. 그러면 뭐 좀 바뀌냐는 식의 비아냥도 있다. 3시간 가까이 이어지는 회의에 CEO 이야기만 있다. 금주에 반드시 하라며 무리하다 싶은 3~4가지 지시를 하며 회의를 끝낸다. 모든 본부장들이 하는 일은 고개 숙이고 받아 적는 것이다. 직접적인 업무 지시를 받은 본부장들은 황당해도 할 말을 못한다. 안 된다는 이야기를 하면 무슨 이야기를 듣게 되는가 모두는 잘 알고 있다. CEO는 실적이 나쁜 것에 대해 본부장들의 역량에 문제가 있다는 말을 남기고 나간다.

다음 주 월요일 회의에 지난주 지시한 내용에 대한 점검은 없다. 실적에 대한 호통과 특정 이슈에 대한 질책이 이어진다. 회의 마감 시간은 CEO 마음이다. 어느 경우에는 12시까지 이어진다. 그날은 CEO가 점심 약속이 없는 날이다. 본부장들 간에 대화가 없다. 회의는 항상 CEO의 일방적인 이야기를 듣는 것으로 채워진다. 갈수록 실적에 대한 부담으로 인하여 본부장들의 호통이 이 부서 저 부서 높아만 간다. 사무실에 웃음이 사라진 지는 이미 오래되었다.

개인 사유로 회의에 참석하지 못하게 된 영업본부장은 A 팀장에게 참석하라고 하고 휴가를 사용했다. CEO는 영업본부장의 휴가에 대해 많은 질책을 한다. 본부장이 경영회의를 빠지는 법은 없다며 2시간 내내 지난 이야기와 질책이 이어졌다. 자신이 회사 생활할 때에는 개인적 사유로 휴가를 낸다는 것은 생각도 못 했다고 호통을 친다. 심지어 결혼하고 그다음 날 출근해 일을 했다고 자랑한다. 이 사건 이후로, 그 어느 본부장도 경영회의에 불참한 적이 없다. 월요일 오전은 그 어느 약속도 하지 않는다. 당연히 본부장 주관의 회의에 불참하는 직원도 없다.

중요한 의제가 참여 속에 결정되며 실천하는 경영회의

단순 실적과 계획을 보고하고, CEO가 일방적으로 경영회의를 하는 기업의 의사결정 시스템을 보면, 모든 사안을 본부장이 개별로 CEO에게 보고한다. 다른 본부에서 무엇이 진행되는지 모른다. CEO의 지시만 있을 뿐이다. CEO는 자신이 일에 대해서는 가장 잘 알고 있다고 생각한다. 다른 사람은 자신이 시키는 일만 잘했으면 좋겠다는 생각을 갖고 있다.

경영회의는 중요한 의제가 논의되고 결정되어야 한다. 의사결정뿐 아니라 실천이 되어야 한다. 지켜지지 않은 안건은 원인을 규명하고 마감을 명확하게 해야 한다. 의사결정이 된 사안은 누가 언제까지 끝낸다고 명확히 가져가야 한다. CEO 혼자만의 회의가 아닌 참석자가 의견을 내고 대안을 제시하며 결정에 기여를 해야 한다. 참석했다가 아닌, 참여하는 회의가 되어야 한다.

{ 질책이 가장 좋은 행동을 이끈다는 생각 }

질책을 하면 바뀐다는 생각이 습관을 만든다

A 사장의 별명은 악순환이다. 직원이 손으로 품의서를 작성해 올리면 한 번에 결재를 한 적이 없다. 심한 경우, 품의서를 찢으며 "이것도 품의서라고 썼나?"고 소리를 높인다. 혼나지 않는 직원들은 자신이 아니기 때문에 다행이라는 표정이다. 왜 혼나는가 궁금한 것이 아닌 누가 혼나는가에 관심이 있다. 어느 순간부터 A 사장이 소리 지르고 물건 던지는 것에 다들 무관심이다. 원래 그런 사람이라는 인식이 깊게 박혀 있는 듯하다. 회사의 직원과 저녁 식사를 하며 조심스럽게 질책을 받는 것에 대해 어떻게 생각하나 물어보니, 그 순간은 기분 나쁘지만, 신경도 쓰지 않는다고 한다.

회의장에서 울려 퍼지는 CEO의 음성에 비서인 A 씨는 녹

회사는 내것이라는
CEO의 리더십

차를 준비한다. 사장님의 음성이 커지면, 회의는 통상 2시간 넘게 진행된다. 참석한 사람들은 마치 큰 죄인이 되는 양 고개를 숙이고 적기만 한다. 질책은 계속 이어지고 이제는 질책을 위한 회의가 되어 버렸다. 실적이 떨어진 것은 잘못이지만, 전부 내 탓으로 하기에는 억울하다는 표정이 역력하다. 하지만, 사장은 들으려 하지 않는다. 사장은 질책만이 행동을 이끈다는 생각이 강하다. 잘한다고 칭찬하면 안주하거나 자랑하고 다니지만, 질책을 하면 정신 차리고 열심히 한다고 믿고 있다. 상황이 이렇다 보니 그냥 사장이 화가 풀리거나, 다른 사안이 생길 때까지 시간이 지나길 기다린다. 사무실에서는 부서장의 고함 소리가 끊이지 않고, 웃음소리조차 없다.

잘못한 조직이 있으면 잘한 조직도 있기 마련이다. 전국 최우수 성과를 낸 홍길동 팀장은 본부장의 칭찬을 은근히 기대했지만, 한 마디도 없고 성과가 떨어졌다는 질책만 있다. 지난 10개월 넘는 동안, 이곳저곳을 다 돌며 최고의 성과를 창출하기 위해 그토록 노력했건만, 말 한마디 없다. 홍 팀장은 그동안 노력이 부질없다는 생각이 들었다. 사장의 화내고 질책하며 칭찬하지 않는 언행을 그대로 임원들이 본받아 행동한다.

국제 경기가 매우 어렵다는 것을 다 알면서도 수출을 담당하는 팀장들은 긴 질책을 받는다. 반면, 내수 경기가 좋아 작년 대비 120% 성장한 내수를 담당하는 팀장들은 묵묵히 자리를 지킨다. 조직 내에서는 승진하려는 직원들은 어느 새 수출 부서를 기피하고 내수를 고집한다.

직원들이 보고 배우는 것은 리더의 언행이지 마음이 아니다

A 상무는 상무 중에 가장 연배도 높고 조직에 대해 충성심도 강해 이번 연말에 전무 승진을 생각해 두고 있었다. 인사부서의 권유에 따라 임원들에 대한 다면평가를 실시해 보았다. 대부분의 임원들은 좋은 리더십 평가를 받았지만, A 상무에 대해서는 예외였다. 2명의 부장이 진술한 내용은 A 상무에게서 1년 동안 칭찬하는 말을 듣지 못하고 질책만 들었다고 한다. A 상무는 후배들이 강하게 자신의 인생과 업무를 이끌어 가길 원했다. 자신의 눈에 차지 않으면 심하게 야단을 쳤다. 그리고 부하들이 자신의 진심을 이해해 주길 원했다. 결국 부하평가 결과 20명 중에 20위가 되어 승진이 곤란한 상황이 되었다. A 사장은 A 상무를 불러 "직원들의 평가에 신경 쓰지 말고, 강하게 이끌어 최대한 성과를 올리도록 하라"고 이야기한다. A 사장은 자신이 곧 회사이고, 회사가 곧 자신이라고 생각한다. 이들에게는 회사의 룰 같은 것이 없다. 있다면 자신이 이끌고 임직원은 따라오면 된다는 생각뿐이다. 이들은 질책을 하면서 임직원이 '내가 하는 일은 다 회사가 잘되도록 하는 것이다'라는 자신의 마음을 알아주겠지 생각한다. 하지만, 직원이 보고 배우는 것은 마음이 아니라 리더의 언행이다.

어제 지시와 오늘 지시가 달라요

방향성 잃은 의사결정

A 사장의 의사결정에 대해 직원들은 하는 둥 마는 둥이다. 통상 많은 중소기업의 사장 지시사항은 곧 법이다. 지시가 끝나기가 무섭게 실행을 한다. 대기업이라면 본부장, 팀장을 거쳐 지시가 내려오고, 추진계획 보고 중 하나의 지시에 수많은 보고가 이루어진다. 하지만, 중소기업은 사장이 직접 담당자에게 지시하는 경우가 많고, 담당자는 바로 실행한다. A산업은 직원들이 지시를 받고 사장이 간 다음에 분주함이 없다. 처음부터 이런 행동을 보인 것이 아니다. A 사장이 막 취임했을 때는 지시를 내리면 밤을 새워 마무리했다. 하지만, 날이 갈수록 지시를 내리고 잊어버리거나, 왔다 갔다 하니까 직원들이 서두르는 법이 없다. 하루 이틀 지나 찾지 않

으면 하지 않거나, 두세 번 찾을 때 비로소 시작한다. 처음부터 완벽하게 일을 끝내고 보고하는 것이 아닌 추진 계획 중간중간 진행 상황을 보고한다. 추진 계획은 좋다고 하고 중간보고 때에는 다르게 지시한다. 사장 지시에 맞춰주다 보면, 담당자도 결과에 대한 확신이 없고 시키는 것만 한다는 식이 된다.

전략팀의 홍 팀장이 A 사장에게 직원들의 애로사항을 조심스럽게 이야기했다. A 사장은 상황이 바뀌었다면 결정을 번복하는 것이 맞지, 지시했다고 그대로 추진하는 것은 아니라며 팀장이 중간에서 팀원을 지도하지 못하고 대변하면 곤란하다고 질책한다.

A산업은 매일 8시에 경영회의를 실시한다. 임원들이 솔선수범을 해야 한다며 매일 임원들이 자신이 담당하는 부서의 당일 우선순위 3가지를 선정하여 공유한다. 생산담당 임원은 생산량을 제외하면 큰 변화가 없기 때문에 우선순위 3가지가 생산량, 품질, 납기로 거의 대동소이다. A 사장은 생산담당 임원에게 어제는 자동화를 강조하고, 오늘은 5S활동에 대해 지시한다. 자동화 현황과 문제점, 향후 계획을 지시했는데 청소, 청결 등 5S활동을 지시하니 죽을 맛이 된다. 자동화 현황과 계획을 준비 중이라고 하면, 생산은 5S가 기본 중의 기본이라며 이것이 시급하다 한다.

임원들은 A 사장이 외부인과 식사를 하거나 만난다고 하면 긴장한다. 그다음 날, 생각지도 못한 지시가 떨어지기 때문이다. 100명도 안 되는 회사인데, 핵심인재를 선정하고 별도 관리를 하라고 한다. 생산직을 제외하면 30명 남짓이고 누가 어느 수준인지 다 알고 있는데 핵심인재를 선정하면 갈등이 생긴다고 말하니, 선정한 후에 보자고 한다. 경영관리 팀장은 인사담당자에게 지시도 내리지 않고 본인이 하지도 않는다. 내일이면 잊거나, 선정해 가져가도 대안이 없기 때문이다.

경영 TIP

사장은 심사숙고하여 방향과 전략을 정하고 지시를 내려야 한다

지시한 사안은 기록하거나 기억해야 한다. 미팅하거나 이런저런 상황에서 생각대로 지시를 하면 곤란하다. 본인이 이런저런 상황과 미팅에서 많은 지시를 내린다면, 사장 지시사항이란 폴더를 만들어 지시를 받은 직원이 지시사항을 올리게 하는 것도 한 방법이다. 사장이 당일 자신이 내린 지시를 보고, 피드백 주는 것도 매우 좋은 방법이다.

후임 CEO,
그것은
내가 알아서 한다

내 회사를 남에게 맡기기 어려운 사장

창업 CEO인 A 사장은 서울 A대학의 교수로 임명이 되었다. 회사가 지방에 위치한 관계로 전문 경영자를 선임하기로 결정하였다. 경영지원본부장인 홍 전무는 A 사장의 후배이며 가장 오래 근무한 기술본부장인 A 전무와 함께 업계 전문가이며 덕망과 리더십을 갖춘 3명의 후보자를 선정하여 A 사장에게 의향을 물었다. A 사장은 대학 개학이 1달 남아 있기 때문에 시간적 여유가 있으니, 사업을 알고, 네트워크도 강하며, 회사를 이해하는 적임자를 더 찾아보라고 했다. 홍 전무와 A 전무는 조심스럽게 찾아봤지만, 기존 3명을 뛰어넘는 사람을 찾기 어려웠다. A 사장은 내부 승진을 검토하라고 홍 전무와 A 전무를 따로 불러 지시하였다. 홍 전무는 A

회사는 내것이라는
CEO의 리더십

전무를, A 전무는 홍 전무를 추천하는 모습이 되었다. 그러는 사이 개학이 되어 A 사장은 1주일에 1번 회사를 방문하였다. 시급한 일과 지시 보고는 카톡을 통해 이루어졌다.

전념하는 것과 지켜보는 것은 차이가 크다

A 사장은 몹시 바쁘다. 수업 준비와 강의, 연구 프로젝트 수행, 대학원생 선발과 지도, 각종 행정업무 등 학교 업무도 많다. 1주일에 한 번 회사에 출근하면 밀린 서류, 중요 결정사항, 각종 보고 등 점심 먹을 여유도 없다. 지난주 했어야 할 일들이 지연되어 추진되고, 방문해야 할 거래처를 가지 않고 있다. 무엇보다 사무실에 생동감이 없다. 뭔가 해내겠다는 열정이 보이지 않는다. 잠시 휴게실에 가면 아무도 없다. 직원들이 무엇을 하고 있는지 모른다. 홍 전무와 A 전무는 매일 카톡으로 보고를 하지만, 갈수록 묻기 전에 먼저 알려주는 직원이 없다. 젊은 직원들이 한 명 두 명 퇴직을 한다. 처음에는 퇴직하는 직원 면담을 하며 참고 기다리라고 했지만, 자신의 성장을 위해 하루라도 먼저 결정한다는 말을 듣고 심정이 복잡하다. 경영세미나를 진행한 컨설팅 회사의 컨설턴트가 자꾸 떠오른다. 한번 컨설팅을 맡겨볼까 고민이다. 홍 전무와 A 전무가 조직과 구성원을 장악하고 있지

못하고 있다는 생각만 든다.

회사의 CEO는 하나의 일에 집중해도 부족하다

CEO가 경영잡지 표지에 취미 활동하는 모습으로 나오면 그 회사는 망한다고 한다. 사업 환경이 급격하게 바뀌고 경쟁자가 치열하게 추적하거나 앞서가기 때문에 본연의 차별화된 경쟁력을 더 끌어올리기 위해서는 집중하여 몰입해야 한다. 이곳저곳의 감투가 주어져도 회사가 성장하지 못하면 의미가 없다. 먼저, 회사를 강하게 만들고, 전문경영인에게 완전하게 물려줄 수 있을 때, 회사와 무관한 자신이 하고 싶은 일을 해야 한다. 두 마리의 토끼를 쫓다가 한 마리도 못 잡는 일이 발생한다.

{ 모든 결정은 CEO가 한다 }

왜 보고하지 않았나?

A 사장은 오늘도 야근이다. 결재할 서류가 아직도 많이 쌓여 있다. 통상 7시 반에 출근하여 커피 한잔 마실 여유도 없다. 8시 임원회의부터 시작하여 항상 보고 대기자가 줄 서 있다. 그나마 외부 점심이나 저녁이 있으면 식사시간이 휴식시간이 된다. 회사에 전자결재 시스템이 있지만, 제대로 작동하지 않는다. 임원들과 팀장들이 대면 보고를 희망한다. 시간이 없기 때문에 PC를 켜고 메일과 전자결재를 볼 여유가 없다. 카톡과 문자를 볼 시간도 없는 상황이라 자연스럽게 대면보고를 받게 된다.

A 사장은 성격이 급하며 추진력을 강조한다. 현장을 돌며 특이사항이나 이상 여부를 보면 그 자리에서 바로 지시

를 내리거나 질책한다. 1주 전, 재무 팀장이 전사 전결규정
안을 사장에게 보고했다가 큰 질책을 받았다. 팀장과 임원들
의 전결금액이 너무 높았기 때문이다. 하루는 A 팀장이 정례
보고를 하지 않았다는 이유로 사장에게 모진 질책을 받았다.
B 팀장도 일상업무라 생각하고 전결한 사안이 잘못되어 사
장에게 보고도 없이 멋대로 일 처리한다고 질책을 받았다.
팀장들과 임원들은 결정해야 할 일이 생기면 사장에게 보고
한다. 사장은 사소한 보고에는 핀잔을 하며 결재를 한다. 하
지만, 보고하고 추진하는 것이 낫지 보고하지 않고 추진하다
가 사장에게 호되게 질책받는 것을 원하는 직원은 없다.

경영 TIP

지시받은 일만 잘하는 조직은 망한다

경영자로 있으며 힘든 일 중의 하나가 주도적으로 일하지 않는 직원들
이다. 지시받은 일은 잘하지만, 스스로 과제를 만들어 주도적으로 실행
하는 직원이 없다. 이런 조직의 경영자의 특징 중 하나는 모든 일을 다
알고 있어야 한다는 생각으로 의사결정을 자신이 다 한다. 자신이 모르
는 일이 있으면 안 된다. 직원들은 일과 관련된 결정은 전부 보고한다.
괜히 일을 만들어 꾸중 듣고 싶어 하지 않게 된다. 시키는 일만 하고 시
간이 되면 퇴근한다. 경영자 입장에서는 답답하지만, 사실 이렇게 만든
사람이 본인이다. 더 무서운 점은 직원들이 삼삼오오 모여 경영자의 잘
못, 회사가 망할 것 같다는 등의 뒷담화를 한다는 것이다. 경영자만이

이러한 내용을 알지 못한다. 경영자는 직원들이 역량이 떨어져 시키는 일이라도 잘했으면 좋겠다는 생각만 한다.

{ 10명일 때가 좋았다 }

경영관리 본부장의 한숨

A 전무는 입사 25년 차의 회사 창립 멤버이다. 5명이 시작한 회사는 150명 직원에 400억 원의 매출을 하는 중견기업으로 발돋움하고 있다. 조직과 인원이 증가함에 따라 우리는 하나라는 연대의식이 사라지고, 내 것만 챙기려는 이기적인 면이 이곳저곳에서 발생된다. 회사 전반의 전략, 재무, 인사 업무를 총괄하는 A 전무는 사장의 조직문화를 획기적으로 개선하고, 근본 문제를 파악해 해결하라는 지시에 무엇을 어떻게 해야 할지 몰라 답답한 심정이다.

사장은 인간적 정이 많은 사람이다. 늦게까지 근무하는 직원을 보면, 야식을 챙겨주고 함께 소주 한잔하면서 개별적 애로사항을 듣고 챙겨준다. 회사 성과가 나면 가장 먼저 직원 복지와 상여에 관심을 가졌고, 사내 식당은 대기업에서 벤치마킹할 정도로 질 좋은 식단을 제공하게 했다. 아침을 먹고 오지 못하는 직원을 위한 카페를 운영했고, 휴게실을 갖추고 3시에 중간 커피타임을 갖게 하는 등 세심한 배려를 했다. 사장은 직원에게 잘해주는 것이 회사가 성장하는 길이라고 생각했다. 하지만, 최근 젊은 직원들의 퇴사가 이어지고, 팀 간 갈등으로 인해 중요한 계약을 체결하지 못하는 일이 발생되었다. 심각한 것은 사무실에 정적이 흐른다. 생동감이 느껴지지 않는다. 퇴직하는 직원이 '이곳에서 성장한다는 느낌을 받을 수 없다. 그저 주어진 일을 적당히 하고 급여만 받는 느낌이다. 식사와 복리후생은 좋은 편이지만 마치 우리 속 돼지와 같은 느낌을 받는다"고 한다. 팀장들과 간담회에서 요즘 신세대 직원들은 배우려 하지 않고, 자신의 일도 제대로 하지 못하면서 남 탓하는 경향이 있다고 한다. 자신의 경험이나 지식을 전하려고 노력하는 팀장들이 없다. 언제 개별 면담을 했느냐고 물으니 대답이 없다. 퇴근 후, 술자리를 하냐고 물으니, 팀원들이 싫어한다고 한다.

사장은 A 전무를 만나 처음 회사를 설립하고 하나 된 마음으로 신바람 나던 때가 그립다고 말한다. 조직과 인원이 늘어 회사가 성장하여 기쁘다는 생각보다, 10명 정도 함께하면서 서로 정을 느끼며 뭔가 일하고 성취해 가던 때가 좋았다며, 150명의 회사가 아닌 10명 있었을 때의 살아있는 회사를 만들 방안을 찾으라고 한다.

누구에게나 성장통은 있다

창업 단계인 10명의 조직과 성장 단계인 150명의 조직은 규모를 떠나 사업구조와 운영시스템이 근본적으로 달라야 한다. 10명의 회사에서는 사장이 사업전략, 조직과 제도, 사람과 문화의 방향을 정하고 의사결정에 전부 관여할 수 있고 해야만 한다. 하지만, 150명 규모의 회사에서는 사장 중심의 경영에서 제도와 시스템 중심의 경영으로 전환되어야 한다. 중간 관리자에게 역할과 책임이 부과되고, 회사를 한 방향으로 이끄는 가치체계, 인사 등 제반제도가 구축되어야 한다. 신뢰가 기반이 되어야 하며, 이는 정과는 다른 차원이다.

회사가 성장하면서 다양한 배경과 생각을 갖고 있는 직원들을 한 방향으로 정렬하게 한다는 것은 쉽지 않다. 어린이가 성인이 되기 위해서 겪는 성장통을 회사도 겪게 된다. 조직과 구성원을 한 방향으로 이끄는 철학과 원칙의 내재화와 실천, 회사와 개인이 지향하는 전략과 과제의 연계, 일하는 방식의 효율화를 통한 자부심과 성장을 지원하고 실천하게 해야 한다. CEO가 중심이 되어야 하지만, 결코 혼자 할 수 있는 일이 아니다.

{ 직원이 퇴직하는 진짜 이유를 몰라요 사람을 믿지 못한다 }

내 사람만 쓰겠다

미국의 미식축구 구단 카우보이스는 1970년대 두 차례 우승하면서 최고 명문으로 인기를 한 몸에 받았다. 그러나 1980년대엔 좋은 성적을 내지 못했다. 그랬던 이 구단이 1990년대 들어 세 차례나 슈퍼볼 챔피언에 올랐다. 카우보이스에 우승 DNA를 심은 사람은 1989년 구단을 사들인 뒤 지금까지 31년째 구단주로 있는 제리 존스이다. 1989년 당시 1억 4000만 달러를 내고 카우보이스를 사들였고, 공격적인 투자로 팀 전력을 강화시켰다. 그러나 카우보이스는 1995년 통산 다섯 번째 우승 이후 지난해까지 25년 동안 무관無冠이다. 구단주의 절대권력이 오히려 장애물이 됐다. 자기보다 미식축구를 더 잘 아는 사람은 없다는 도취에 빠졌다. 혼자서 북 치고 장구 치는 '1인 3역'으로 무소불위 권력의 칼을 휘두르는 데 그치지 않고, 구단 요직에 자식들을 비롯한 자기 사람들을 앉혔다. 전문가의 고언苦言이 비집고 들어갈 틈조차 주지 않았다.

능력에 한계를 드러낸 감독에게 10년 동안이나 팀 지휘봉을 맡겨 우승할 수 있는 기회마저 저버렸다. 사람을 믿지 못하고, 예스맨만 가득 찬 조직에서 성과가 나올 리 없다. 리더가 무소불위의 권력을 앞세워 회사를 자기 노리개 삼듯 하거나, 주위의 충언忠言과 쓴소리에 눈과 귀를 닫으면, 일류이던 팀이 삼류로 전락하는 것은 한순간이다.

나는 사람을 믿지 않는다

A산업의 사장은 매일 현장을 4번 이상 방문한다. 현장의 웬만한 전문가보다 시설과 기계에 대해 해박하다. 사장은 기계 소리만 들어도 기계의 건강 상태를 알 수 있다고 말한다. 기계는 거짓말을 하지 않는다며 관심과 애정을 갖고 기계를 살피라고 한다. 사장은 자신이 보지 않은 것에 대해서는 믿지 않는다. 현장 관리자가 현장의 이상 징후에 대해 보고하면, 바로 현장에 가서 확인을 한다. 식사를 마치고 아무리 바빠도 영수증을 보며 계산이 맞는가를 반드시 확인한다. 1달

에 한 번 자산 및 재고조사를 실시하여 장부와 실 자산과 재고의 이상 여부를 확인한다. 사장의 이러한 행동의 이면에는 사람을 믿지 않는다는 의식이 강하다. 어린 시절부터 아버지의 가르침도 있지만, 회사를 운영하면서 직원들로부터 상처를 많이 받았다고 한다.

경영 TIP

혼자 성취할 수 없다. 함께 달성해야 한다

기업은 결코 혼자 성과를 창출하고 지속 성장해 갈 수 없다. 한계가 있다. 함께해야 하는데, 그 중심에 사람이 있다. 사람을 믿어야 한다. 신뢰를 기반으로 자신의 역할을 다하고, 나아가 자발적이고 주도적으로 목표와 과제를 정해 열정적으로 추진해 나가도록 해야 한다. 최고경영자의 신뢰는 힘의 원천이 된다. 사장은 항상 주변의 이야기를 듣고 경영에 반영해야 한다. 사장이 가장 잘하는 일은 조직과 임직원의 가치를 키워주는 것이다.

Chapter

3

{{ 조직과 개인의
비전과 목표가 없다 }}

중소기업에 안주하다

우리 수준에 이 정도면 된다

A회사로 강의를 하러 갔다. 강의에 앞서 사장은 직원들에게 항상 꿈과 열정을 가지라고 강조한다. 1인 창업하여 100여 명의 직원과 300억 수준의 회사로 성장시켰기 때문에 자부심도 있어 보였다. 자신의 일처럼 주인의식을 갖고 하면 언젠가는 여러분도 지금 나의 모습이 될 수 있다고 한다. 하지만, 직원들의 표정은 냉랭하다. 나도 한번 해보겠다는 열의가 아닌 한 귀로 듣고 한 귀로 흘리는 모습이다. 사장이 나가고 강의를 하면서 집중하지 못하는 직원들의 태도에 설명을 하다 질문으로 전환하였다. 회사의 비전에 대해 물었으나, 설명하려는 직원이 없다. 신뢰, 도전, 창조의 핵심가치 각각의 정의에 대해 물었으나, 생각하는 바가 일치하지 않

——————— 조직과 개인의
비전과 목표가 없다

았다. 신뢰, 도전, 창조만 있을 뿐 이것이 의미하는 바와 어떻게 달성해야 하는지에 대한 공감대가 전혀 이루어지지 않았다.

　강의 후, 사장과 1시간 정도 미팅시간이 있었다. A 사장이 강의하면서 느낀 소감을 요청해 직원들의 적극성이 필요함을 느꼈다고 하자, "우리 중소기업의 역량이 이 수준입니다. 지금까지 이 단계까지 끌고 온 것이 행운입니다. 더 이상의 성장은 어렵고, 지금의 틀과 프로세스에서 최대한 버티는 것이 관건입니다."라고 한다. 사장의 마음속에 임직원의 역량을 더 키우겠다는 의지가 없다. 회사를 성장시키기 위한 신규 사업, 판매망 구축, 미래 먹거리에 대한 고민이 느껴지지 않았다. 지금까지 버틴 것이 행운이란 말에 더 이상 할 말을 잃었다. 사장이 이런 심정인데, 그의 입에서 꿈과 열정을 이야기한들 직원의 마음속에 전달될 리 만무였다. 직원들의 언행이 소극적이며 주어진 일만 하면 된다는 사고가 당연하다는 생각을 했다.

직원들을 성장하게 하여 자신의 분야에서
전문가로 가져가는 것이 옳지 않는가?

A 사장에게 지금 다소 역량이 떨어진다 해도, 직원들이 일을 수행하는 동시에 배우고 가르치며, 여러 제도를 통해 전문가의 길로 가게끔 해야 하는 것 아니냐 물었다.

A 사장은 직원들의 역량 수준이 이 정도가 한계이고, 더 이상 배우려 하지 않는다 한다. 몇 명 뛰어난 직원이 있어, 학위 취득과 전문 코스 교육 기회를 제공했더니, 퇴직했다고 한다. 더 이상 이들과 함께 성장하겠다는 생각이 없고, 이 정도 수준에서 이끌고 가고 싶은 생각뿐이라 한다. 지금 중소기업이지만, 규모가 커지고 매출이 늘어 중견기업이 되면, 중소기업의 혜택은 많이 사라지고 규제가 증가한다고 한다.

회사는 일정 기간 생존하다 사라지는 존재가 아니다. 경쟁력이 없으면 바로 사라지고, 강하고 차별화된 경쟁력이 있다면 지속 성장하는 곳이 회사이다. 내 회사이고 나 없으면 안 된다는 생각이 강한 경영자는 회사 역시 자신의 나이와 의지에 따라 현 수준에 안주하는 경향이 있다. 조직과 구성원을 보다 강하고 전문성 있게 성장하게끔 하는 기업이 강한 기업이다.

조직과 개인의
비전과 목표가 없다

{ 내 일이 아니다 }

역할과 책임이 모호하다

많은 중소기업 사무직 담당자는 너 일 내 일 구분할 상황이 안 된다. 대기업은 업무 분장이 분명하고, 자신이 담당하는 직무에 대한 명확한 분석이 되어 있어, 일의 범위와 역할 및 책임이 어느 정도 명확하다. 하지만, 중소기업은 대기업 팀 단위의 업무를 1명이 담당한다. 경영관리본부가 경영관리팀이라고 보면 된다. 조직과 인원만 적을 뿐, 대기업과 중소기업이 하는 일은 유사하다. 업무가 구분되어 있다고 하지만, 명확하게 역할과 책임이 정해져 있지 않아 부서장의 지시 또는 알아서 일을 하는 경우가 많다.

최근 A산업은 공동업무에 대한 처리 문제로 갈등이 심하다. 어느 날, 사장이 회사 각 층과 생산창고를 돌아보았다.

창고에는 생산 부품은 물론이고 사용할 수 있는 모니터, 키보드, 본체가 여기저기 놓여 있었고, 철 지난 선풍기가 먼지 덮개도 없이 쌓여 있었다. 심지어 3개월 전에 직원 복지를 위해 산 비싼 안마기가 창고 구석에 놓여 있었다. 창고에 놓인 물품들의 비품번호도 없고, 보관장부도 없었다. 말 그대로 갖다 놓은 수준이었다. 회사 자산 관리에 대한 업무는 경영관리팀이지만, 생산창고에 대한 관리는 생산팀이다. 비품창고가 없기 때문에 생산창고를 사용하는데 서로 내 일이 아니라고 한다.

업무 협조도 문제였다. 매달 생산 판매회의를 하지만, 서로 자기주장만 한다. 영업은 고객들의 제품에 대한 선호도가 높아 월 20만 개 더 생산하자고 한다. 하지만, 생산은 월 10만 개 이상은 불가하다고 딱 잘라 말한다. 반대의 상황도 있다. 생산이 10만 개 더 만들어 놓고, 영업은 이번 달은 절대 팔 수 없다고 한다. 내 일만 생각하고 타 부서 일에 대해서는 모르겠다는 입장이다.

A 사장은 사업 초기에는 직원들이 모두 내 일처럼 서로가 힘을 모아 처리했는데, 갈수록 너 일 내 일 구분하고, 자신이 담당하는 업무만 하려는 경향이 있다며 중소기업은 이러면 안 된다며 걱정이 심하다.

사명과 성과에 대한 인식 전환이 우선이다

성당에서 자원봉사를 하는 한 형제님을 만났다. 지역 치매 노인 목욕봉사와 함께 시간 나누는 봉사를 하고 있는데 표정이 밝다. 은행 지점장인 형제님은 은행 업무를 할 때에는 왜 이 일을 해야 하는지 의미를 찾기 어렵지만, 치매노인 돌봄은 해야 할 이유가 분명하고 무엇보다 일을 하며 즐겁다고 한다.

자신이 하는 일의 의미를 알고, 어떻게 하면 성과를 낼 것인가 고민하도록 해야 한다. 사심을 버리고 회사와 전체를 위한 의사결정과 언행을 하도록 해야 한다. 물론 회사는 최대한 부서와 직무의 명확한 역할과 책임을 정해야 한다. 하지만, 회사 일은 칼로 무를 베듯이 할 수 없다. 역할과 책임이 없는 직무가 있을 수 있고, 중복되어 있는 직무도 있다. 누군가 해야 한다면 먼저 본 사람이 자발적으로 하게끔 하는 문화가 중요하다. 직원들이 무엇이 더 회사의 지속 성장에 기여하는가를 항상 인식하도록 해야 한다. CEO가 만들어가야 하는 중요한 일이다.

중소기업은 이 일 저 일 다 할 줄 알아야 해

한 가지 일만 하면 중소기업은 망한다

중소기업의 성공 비결 중 하나는 빠른 스피드이다. 어떤 과제가 부여되거나, 위험 상황이 발견되면 직원들이 한 몸이 되어 해결해 간다. 다양한 직무를 경험하여 새로운 일에 대한 두려움도 적고, 했던 업무에 대한 문제점 파악이 빠르다. 나아가 담당자가 없어도 이전에 했던 업무이기 때문에 주저함이 없이 현황을 파악하고 실행한다. 대기업 인사부문에 근무할 때이다. 3천 명의 총임직원 중 인사담당자가 50명에 가까웠다. 각자는 채용부터 퇴직까지 담당 업무가 있었고, 인재육성팀의 운영직무도 영업, 생산, 경영관리 직군별 담당자가 있었다. 하지만, 중소기업 컨설팅을 담당하며 150명 규모의 회사에 인사담당자는 단 1명이었다. 1명이 채용부터 퇴

조직과 개인의
비전과 목표가 없다

직업무를 수행한다. 뿐만 아니라 총무 업무까지 한다. 일부 회사는 회계업무를 수행하기도 했다.

A 사장은 중소기업은 자신만의 직무를 주장하면 존재할 수 없다고 한다. 상황이 급변하고, 해야 할 과제들이 수시로 발생하기 때문에 1인 다역을 수행하지 않으면 안 된다고 한다. 물론 주 직무는 있지만, 어느 부서가 바쁘면 여유 있는 부서 직원이 와서 지원해야 한다. 자연스럽게 타 부서가 무슨 일을 하고, 어떻게 하는가 알 수 있다고 한다.

시대와 인식이 바뀌고 있다

1990년 이후 출생한 신세대 직원들은 이전 세대의 직원들과 다르다고 한다. 자신의 일을 다 하면 곧바로 퇴근한다. 도와 달라고 요청해도 자신의 일이 바쁘거나, 마음에 들지 않으면 그 자리에서 못 한다고 한다. 부서장이 요청해도 보상이나 납득할 수 있는 이유가 없으면, "내 일이 아닌데요." 하며 거절한다. 이들을 대상으로 매년 직무 순환을 하거나, 1인 다역을 하도록 하면 퇴직으로 이어진다.

직무의 영역이 넓다 보니, 일들이 많다. 대기업처럼 자신이 담당하는 구체적인 직무에 국한하여 일을 할 수도 없다. 매일 야근을 하지 않으면 일이 마무리되지 않는다. 타 팀의 일에 관심을 가질 시간적 여유가 없는 것도, 자신의 일이 아니면 할 수 없는 이유 중 하나이다. 넓은 업무를 혼자 수행하면 이 업무에 대해 누구에게 알려 준다는 것이 쉽지 않다. 매년 직무순환이 이루어지지만, PC를 놓고 가거나, 했던 작업 폴더를 통째로 복사해 주고 업무인수인계를 마무리한다. 담당자가 퇴직하지 않았다면 물어볼 수 있지만, 퇴직하면 혼자 맨땅에서 결과를 내야만 한다. 요즘은 갈수록 한 직무에 오래 근무하는 직원이 늘게 되었다. 반면, 다른 일에 대해 전혀 알지 못하는 상황이 되어 담당자가 없으면 곤란한 상황이 되기도 한다.

경영 TIP

전문성과 협업의 두 마리 토끼를 잡아야 한다

전문성이 없으면 새로운 가치와 성과 창출은 어렵다. 알아야 제안을 하고 개선을 할 수 있다. 담당 직무에 대해 일정 기간 동안 직무 전문성을 쌓게 하는 것은 매우 필요하다. 하지만, 오래 한 직무만 경험하면 고이게 된다. 일의 전문성과 역량과 성과를 보고, 유형별 관리를 해줘야 한다. 뛰어난 역량과 성과를 보이는 직원은 전략적 직무순환을 통해 조기에 관리자와 경영자로 발탁해야 한다. 역량과 성과가 떨어지는 직원은 단순하며 가치가 낮은 직무로 이동하여 즐겁게 일할 수 있도록 해야 한다.

타 팀원이 하는 일에 대해 관심을 갖도록 각자가 하는 일에 대한 설명과

조직과 개인의
비전과 목표가 없다

목표 및 진행 상황을 공유해야 한다. 특정일을 정해 업무를 설명하고 매뉴얼을 만들어 쉽게 일을 할 수 있도록 정비해 놓아야 한다. 팀원들이 하나의 프로젝트를 공동으로 수행하며 각자의 전문성이 발휘되도록 이끌어야 한다. 필요하다면 직무별 정과 부담당자를 선정하여 유사시 수행할 수 있도록 가져가는 제도 마련도 필요하다.

{ 내가 지금 왜 이곳에 있는지 모르겠습니다 }

내 꿈은 이것이 아니었습니다

홍길동 주임은 독일에서 디자인을 공부하고 1년 반 독일 기업에서 근무하다가 부모님이 계시는 지방 기업 디자인팀에 입사하였다. 처음 담당한 업무는 제품 디자인이었지만, 자사몰 디자인과 온라인 영업을 담당하게 되었다. 매일 자사몰 수주현황을 살피고, 자사몰 제품의 디자인을 변경하고, 수주된 제품을 생산에 넘기고, 완성된 제품을 전달하고 대금 청구 및 결재 여부를 처리하는 것이 주 업무가 되었다. 출근과 동시에 수주 현황을 살피고, 온라인 영업이기 때문에 퇴근 후에도 수주에 대한 조치를 한다. 수주가 떨어지면, 사장으로부터 이벤트 및 매출 촉진방안을 만들어 실행하라는 지시를 받는다. 홍길동 주임이 자사몰을 담당하기 이전에는 자

조직과 개인의
비전과 목표가 없다

사몰이 있지 않았지만, 홍 주임이 자사몰 디자인과 영업을 하면서 회사 전체 매출은 30% 이상 증가되었다. 입사 1년 차 때 홍 주임은 공로상과 모범사원상을 받았고, 1년 발탁으로 주임 연구원이 되었다.

　이제 입사 2년 차가 된 홍 주임은 갈등이 심하다. 독일기업에서는 보이지 않는 인종차별이 심했다. 열심히 일했지만, 인정받기 어려운 구조였다. 2년 넘게 독일 생활과 디자인 공부를 해서 독일에 대해 안다고 한 것이 착각이었다. 비즈니스 생활은 학교와 차이가 컸고, 무엇보다 미묘한 국민성과 감성을 디자인에 담기가 쉽지 않았다. 4년 가까이 부모님과 떨어져 혼자 지내는 것도 힘들어 귀국했지만, 디자이너로서 자부심과 전문성을 잃은 것은 아니었다. A산업에서 1년 넘게 생활하면서 디자이너가 아닌 영업사원이 되어 가고 있는 자신을 발견했다. 디자인 감성이 아닌 수주 현황을 살피며 어떻게 하면 수주를 높일 수 있나 고민하는 자신을 보며, 이 길은 아니라는 생각이 굳어졌다. A 사장에게 디자이너로서 자사몰 디자인과 제품 디자인 업무만 수행하면 안 되겠느냐고 하니, 이곳은 기본이 영업이고 디자인은 영업을 위한 수단이라고 한다.

직원들에게 일의 의미, 꿈과 열정을 심어주는 회사가 되어야 한다

홍 주임은 학력과 나이가 있어 다른 기업의 디자인팀으로 자리를 옮겼다. 하지만, 대부분 중소기업의 차장 이상은 갈 곳이 없다. 전문성도 없고 학력도 경력도 입사할 때의 수준 그대로이다. '전문성을 키워야 한다', '대학원에 가서 석사 이상의 자격을 갖춰야 한다', '자격증을 따야 한다'는 수없이 많은 말을 들었지만, 일하면서 그림의 떡일 뿐이었다. 매일 열심히 했지만, 돌아서면 무엇을 했는지 모른다. 꿈이 없다. 회사에 근무하는 것이 일상이 되어 버렸다. 주어진 일을 해야 한다는 생각뿐이고, 그 이상 이곳에서 무엇을 더 해야 하며, 이루고 싶은 목표도 없다. 다른 곳에 간다는 생각도 못 한다. 갈 곳도 없고 그곳에서 받아줄 것이라는 확신도 없다.

있을 때 잘하라고 한다. 남에게 베풀라는 의미도 있지만, 자신에게 베풀어야 한다. 학력도 높이고, 자격증도 따고, 자신의 직무에서 차별화된 기술이나 업적이 있어야 한다. 갈 곳이 없어 머무는 사람이 아닌 오라는 곳이 많아도 이곳에서 해야 할, 달성할 목표, 꿈과 열정이 있어야 한다.

{ 주변에 자극을 주는 사람도 일도 없다 }

과장님을 보면 제 미래가 보입니다

　퇴직하는 홍길동 사원과 면담을 실시했다. 쟁쟁한 대기업과 경쟁하여 A프로젝트를 수주한 역량과 열정을 갖춘 직원이었다. 프로젝트 제안을 위해 3달 가까이 사무실에서 숙식을 하면서 이룩한 결과이기에 전 임직원이 축하해 주었다. 이런 홍길동 사원이 퇴직한다고 하니 다들 만류하는 상황이었다.

　자기개발을 위해 석사 공부를 하겠다며 퇴직 사유를 말했지만, 면담을 하면서 밝힌 퇴직 사유는 상당히 달랐다. 이곳에서 근무하면 할수록 초라해져 가는 자신의 모습을 보게 될 두려움 때문이라고 한다. 팀의 과장은 주도적으로 이끄는 프로젝트가 없이 지시를 받은 업무만 수행하고, 팀장도 방향과 중요 과제를 지시하지 못하고 상사의 눈치를 보는 수준이라

고 한다. 선배와 상사를 보면서, 자신의 미래가 그려졌고, 주
도적으로 제안을 하고 프로젝트를 이끌고 갈 분위기가 아니
라고 한다.

회사 생활하면서 자극을 받은 일은 A프로젝트밖에 없습니다

홍길동 사원은 3개월의 프로젝트 제안이 끝난 후 6개월
동안 특별한 일이 없었다. 영업부서의 자잘한 프로젝트에 대
한 제안서 작성, 생산팀에서 요청하는 수정 사항에 대한 조
치를 하며 보냈다. A프로젝트를 하면서 CAD를 이용한 조감
도, 시뮬레이션 기법, 2년의 공사 전체에 대한 일정관리 계
획 등 많은 것들을 배웠다. 프로젝트를 수행하면서 역으로
프로젝트 제안을 해 새로운 수주를 창출하자고 했지만 이야
기를 들어주는 직원은 한 명도 없었다. 부가가치가 낮은 일
들로 6개월을 보내며 이곳은 내가 더 이상 근무할 곳이 아니
라는 생각이 들었다.

보상도 좋지만, 성장하고 있다는 생각이 중요하다

최근 30대 전후반의 직원들은 경제적 어려움을 크게 받지
않고 성장한 이유도 있지만, 보상이 직장생활의 전부가 아

니다. 직장생활이 아닌 개인의 삶에 대한 애착, 무엇보다 성장에 대한 욕구가 강하다. 일에 대한 자부심도 기존 80~90년대 직장생활을 한 선배들보다 절대 낮지 않다. 회사보다는 자신이 하는 일의 전문가가 되겠다는 생각이 강하다. A직무를 수행하는데 갑자기 전혀 다른 B직무를 수행하라고 하면, 이들은 크게 반발하고 퇴직까지 한다. 자신의 성장에 도움이 되지 않는다 판단되면, 보상과 복리후생 수준이 높아도 극단적 선택을 한다. 자신이 머무는 곳에서 정체되지 않고 성장하고 있다는 생각을 갖게 하는 것이 중요하다.

경영 TIP

일을 통한 배움이 문화화되어야 한다

회사가 모든 임직원의 역량과 성장을 지원하는 시대는 끝났다. 역량과 열정이 있는 직원을 선발하여 집중하고, 자신의 가치는 자신이 올려야 한다. 그렇다고 방치하라는 것이 아니다. 스스로 자극을 받고 일을 통한 성장을 하도록 조직 문화를 이끌어야 한다. 선배와 상사는 가르치고, 학습조직을 만들어 발표하고 토론하게 해야 한다. 현장의 모든 이슈는 현장에서 해결할 수 있는 역량이 되어야 한다. 내가 이곳에 머무는 이유는 주변에 배울 선배와 동료가 많기 때문이라는 말이 회자되어야 한다. 주변 직원이 뛰어나고 자신이 더 배워야 한다는 생각을 가지고 있다면 퇴직과 같은 극단적 선택은 없다.

{ 그달 벌어 그달 산다 }

어느 중소기업 과장의 하소연

중소기업과 대기업의 연봉 격차를 보면 어떤 생각이 들까? 31년 직장생활 전부가 대기업이었다. 그것도 연봉 수준이 높은 대기업에서 마지막을 임원으로 퇴직했기 때문에 중소기업의 급여는 신문 기사 수준의 지식만 가지고 있었다. 퇴직 후 여러 기업을 방문하여 컨설팅하면서 급여체계 전체를 살피게 되었다. 우리나라 국민이라면 다 아는 대기업의 협력업체인 중견기업의 급여부터 150명 남짓의 중소기업 급여 수준을 보며 전에 받았던 연봉 이야기를 할 수가 없게 되었다.

130명, 300억 매출의 A기업을 컨설팅할 때이다. 직원인 A 과장이 이번 컨설팅의 주제가 무엇이냐고 묻는다. 채용, 평가, 승진 제도 설계라고 하니 우리에게는 큰 도움이 되지

조직과 개인의
비전과 목표가 없다

않는다고 한다. 직원이 가장 바라는 것은 급여체계와 복리후생인데, 이 제도의 개선이 이루어질 일은 없는지 묻는다. 보상은 회사의 기본 틀이 있고, 보상수준은 경영층의 의사결정에 맡겨지는 성격이 강하다. 컨설팅을 통해 보상 틀 자체를 바꾸기는 어렵고, 성과가 있을 때, 인센티브를 어떻게 지불할 것인가에 관한 이야기는 경영층이 요구하면 할 수 있다고 했다. 역으로 왜 보상이 중요하냐 물으니, "우리는 그달 벌어 그달 생활하는데, 채용은 관심이 없고 평가와 승진은 개선될 것이라 기대하지 않는다."고 한다. 결론적으로 보상을 올려주는 관심과 노력이 있다면 기대해 보겠다고 한다.

그달 벌어 그달 생활한다. 이 말이 가슴에 간직되었다. 사원 시절, 정말 그달 벌어 그달 생활하면 끝이었다. 저축을 생각할 수 있는 상황이 아니었고, 지인들과 저녁을 하게 되면 지갑을 여는 것이 걱정이 되었다. 마음에 여유가 있어야 꿈도 키우고 열정을 가질 수 있다. 오늘 벌어 오늘 밥 먹는 수준이라면, 시간을 쪼개 자격증 공부를 하며 꿈을 키워가는 것은 정말 쉽지 않다.

컨설팅을 하면서 주 3일을 출근하였다. 8시에 출근하여 6시까지 근무하면서 옆 자리에 앉은 A 과장과 이런저런 이야기를 나눴다. 8시면 출근해 가장 먼저 우선순위를 정해 놓고, 고객과 지인들에게 아침인사를 전하는 성실하고 일 잘하는 입사 10년 차 과장이지만, 연봉은 3500만 원 수준이다. 어린 두 아이가 있어 아내가 맞벌이할 엄두를 내지 못한다고 한다. 구매직무를 수행하면서 꼼꼼하다는 소문이 자자하다. 구매 전문가가 되기 위해 석사과정과 구매 관련 자격증 취득을 이야기했는데, 여력이 없다고 한다. 오늘 힘들더라도 내일을 준비하지 않으면, 이 힘든 상황이 지속되므로 고리를 끊는 작업이 필요하다고 설득했지만, 지금은 아니라는 말만 한다. 머무는 조직과 사람은 그 머무르는 틀을 벗어나기 어려움을 배운 하루였다.

경영 TIP

현재 어려움이 많지만, 내일이 없는 사람에게는 기회는 없다

사실 대기업에 비해 중소기업의 급여와 복리후생은 많은 차이가 있다. 심한 경우, 절반 이하가 되는 경우도 있다. 그달 벌어 그달 쓰는 인생이라는 생각이 발목을 잡는다. 비록 지금은 어렵지만, 자신이 하고 있는 일의 전문성과 자신만의 가치를 올리기 위한 노력을 해야 한다. 현 상황을 극복하기 위해 보다 절박해져야 하는데, 이 부분이 부족하다. 무언가 성과를 창출하는 사람의 특징은 집요함이 있다. 결코 현실에 안주하지 않는다. 회사는 이들을 선발하여 핵심인재로 육성하고 유지관리해야 한다. 열정이 있는 직원은 붙잡아 더 큰 성과를 창출할 수 있도록 육성해야 한다.

조직과 개인의
비전과 목표가 없다

{ "당신 일이 아니면 신경 쓰지 마세요" }

침묵하는 경영회의

A산업은 매주 월요일 경영회의를 실시한다. CEO와 7명의 임원이 전주 실적과 금주 계획을 발표하고, CEO가 궁금한 것을 묻는 형식이다. 임원들은 타 임원에 대한 질문이 없다. 자신의 일에 대해서만 이야기한다. 영업담당 임원이 무리한 주매출계획을 발표해도 생산담당 임원이 한마디가 없다. CEO가 "생산과 협의해 발표한 자료입니까?" 하고 물으면 영업담당이 회의에서 확정되면 협의할 생각이라고 답한다. "왜 생산담당 임원은 사전 협의를 하지 않느냐고 말하지 않습니까?" 추궁하면, 역시 회의가 끝난 후 말할 생각이었다고 한다. '타 부서에서 하는 일에 간섭하지 않고, 내 부서의 일에 간섭하는 것은 용서하지 않는다'는 회사의 불문율이 임원

들이 하는 경영회의에서도 적용되는 답답함에 CEO는 임원
은 사심을 버리고 전체를 보라며 호통을 친다.

중간에 낀 R&D본부장

홍길동 R&D본부장은 신제품 A의 시장 판매를 앞두고, 시
제품 테스트를 실시하였다. 영업본부가 실시한 사전 고객 반
응은 폭발적이었다. 영업본부는 10만 개의 수량을 요구하였
고, R&D본부장은 생산본부장에게 이 사실을 알렸다. 하지
만, 생산본부의 반응은 매우 미온적이었다. 원재료의 수급이
원활하지 않고, 기존 제품의 생산으로 인하여 수량과 일정이
지연될 수밖에 없으니, 이를 반영하여 수량과 시기를 재요청
해 달라고 한다. R&D본부장이 영업본부에 말하니, 지금 기
존 제품은 시장에서 찾지 않고, 신제품은 가격 대비 성능이
좋아 큰 이익을 창출할 수 있다며 기존 제품의 수량을 줄이
고 당장 신제품 생산을 해달라고 한다. R&D본부장은 자신
이 중간 조율이 어렵다고 판단하여 CEO 주관의 긴급 회의를
요청했다. CEO는 임원들이 이런 일 하나 조치하지 못하느냐
호통을 치고 영업본부 요청대로 생산하라고 지시했다. 원재
료 수급, 기존 제품 생산 계획에 따른 후속 조치, 생산 레이
아웃 재조정 등으로 수량과 일정의 수정이 불가피하다고 하

조직과 개인의
비전과 목표가 없다

니, 그것은 생산본부가 알아서 하라고 한다. R&D본부장은 자신을 바라보는 생산본부장으로 인해 회의 내내 마음이 무겁다.

경영 TIP

임원부터 솔선수범이 되어야 한다

자신과 자신의 조직이 손해를 보더라도 전체의 성장과 이익을 생각하여 의사결정을 해야 한다. 말로는 쉽지만, 단기 실적 중심의 평가가 이루어지는 환경에서는 실천하기란 거의 불가능하다. 특히, 성과가 없으면 하루아침에 퇴직하게 되는 임원에게는 더욱 어려운 일이다. 나에게 도움이 되지 않는 일, 단기적 성과를 거둘 수 없는 일에 대해 관심도 의사결정도 하지 않으려 한다. 임원부터 전사적 관점에서 사심을 버리는 솔선수범을 보여야 한다. 임원의 평가에 장기성과, 협업의 측정 지표가 있어 최소한의 제어장치가 되어야 한다. 직원들이 보는 것은 임원들의 언행이다. 임원부터 모범을 보인다면 회사의 협업문화는 조금씩 자리 잡게 될 것이다.

{ 이 방향이
아니다 싶어도
무조건 해야 한다 }

사장님, 지금 생산 공장을 인수해야 합니다

A산업은 전국 규모의 탄탄한 영업망을 가지고 있다. 전국 읍 단위 대리점을 가지고 있고, 자사몰 및 온라인 영업체계도 구축되어 있다. 캠핑에 필요한 모든 물품을 취급하는 A산업은 생산 제품 모두를 중국에서 독점 공급을 받는다. A산업의 경쟁력은 디자인과 영업력이었다. 사업 초기, 뛰어난 디자인과 품질에 비해 가격이 저렴했고, 막강한 영업망을 통해 높은 매출과 이익을 달성했다. 하지만, 삶의 질 향상, 방송 등의 영향으로 캠핑에 대한 수요가 늘면서 경쟁도 심화되었다. 고가의 제품들은 유럽 제품들이 차지하였고, 저가 제품들은 중국 및 동남아 직수입 제품으로 대체되었다. A산업은 중저가 제품 시장에서는 우위를 점하고 있었지만, 매년

조직과 개인의
비전과 목표가 없다

매출 대비 매출원가의 비중이 70% 이상이고, 중국에서 전량 생산하기 때문에 국내 니즈변화를 신속하게 반영하기 어려운 상황이었다.

김 부장은 지속성장을 위한 2단계 전략을 담은 보고서를 CEO에게 보고했다. 첫 단계는 핵심제품에 대한 국내 공장 인수계획으로 국내 시장에서의 안정적 매출과 이익을 확보하는 전략이다. 두 번째 단계는 해외진출전략이었다. 뛰어난 디자인과 축적한 생산력을 기반으로 유럽시장의 진출이 목표였다. CEO는 생산에 따른 생산부지 및 설비 등의 고정비, 생산인력의 확보 및 일정 수준까지의 육성, 불안한 노동환경 등을 이유로 반려했다. CEO는 김 부장에게 우리 산업은 현재의 방향과 전략이 최선이며, 다른 생각은 버리라고 한다.

과거의 성공 경험이 의사결정의 기준이다

중소기업 CEO에게 사업은 전부이다. 처음 2~3명이 사업을 시작하면서 무에서 유를 창출한 성공 경험이 100명이 넘는 기업으로 성장하게 한 확고한 신념이 된다. 우리 산업은 이렇게 해야 한다는 이 신념이 또 다른 기회에 도전을 막는 원인이 된다. CEO의 생각이 너무 확고하여 이 틀을 깨는 것은 거의 불가능하다. CEO는 자신의 의사결정으로 회사가 흔

들리거나 망하는 것을 원치 않는다. 안정과 성공 경험에 기반하여 돌다리도 여러 번 두들기며 의사결정을 한다. 자신이 내린 결정은 고뇌의 산물이고, 자신의 역할은 방향을 정하고 의사결정을 하는 것이라고 생각한다. 좀처럼 자신이 내린 중요결정을 번복하려 하지 않는다. 직원 입장에서 변하는 시대에 선제적 조치라는 안을 제시해도, 현 사업과 기존의 성공 경험에 기반한 CEO의 결정을 바꾸기 어려운 것이 현실이다.

경영 TIP

외부 전문가가 참여한 의사결정 심의회 운영

이것을 하면 회사가 큰 손해를 볼 것이 뻔한 일을 CEO가 하라고 해서 해야만 하는 직원들은 무사안일, 자포자기의 심정으로 일을 수행한다. CEO의 독단을 막고, 참신한 아이디어를 심의하는 외부 전문가가 참여하는 의사결정 심의회를 최소 월 1회 운영을 추천한다. 자발성이 떨어진 상태에서 하는 일은 성과를 기대할 수 없다. 이를 해결하기 위해서는 결정 자체의 경쟁력을 갖춰야 한다. 내부 결정은 CEO의 영향력이 강해 이루어지기 어렵다. 외부 전문가가 참여한 의사결정 심의회가 도움이 되는 이유이기도 하다.

조직과 개인의
비전과 목표가 없다

가늘고 길게 가는 것이 성공이다 해 봤자 소용없어

팀장 되고 싶지 않아요

S그룹 협력회사인 A산업은 매년 12월 팀장 인사를 실시한다. 통상 10월부터 팀장 후보자를 선정한다. 이들에 대해 성과, 전문성, 인성, 면접을 통해 최종 팀장이 임명된다. 후보자들에게는 10월 선정단계부터 개별적으로 면접과제를 준비하라고 통보한다. B 부장은 인사팀으로부터 팀장 선임을 통보받자 곧바로 자신은 팀장 자격이 없으니 후보에서 제외해 달라고 요청했다. 회사는 처음 발생한 일이라 인사팀장이 직접 B 부장을 면담하였다.

B 부장은 팀장이 되면 성과와 조직관리로 스트레스를 많이 받고, 해야 할 일과 책임은 많지만 권한과 보상이 없다고 한다. 팀장으로 성과가 떨어지거나, 조직관리에 문제가 발

생하면 다시 팀원으로 갈 수도 없어 어쩔 수 없이 퇴직해야 된다고 한다. 팀장이 된 후에는 정년퇴직까지 가기 어렵기 때문에 부장으로 근무하겠다고 한다.

팀장이 되면 전체적 관점에서 의사결정을 하며, 사업을 이해하고 조직관리를 통해 안목도 넓어지며, 경영자로서 성장 가능성이 높기 때문에 도전과 성취감을 가질 수 있다고 강조해도 소용이 없다.

B 부장은 팀장으로 있다가 퇴직한 선배들은 많이 봤지만, 경영자가 된 선배는 매우 적다고 한다. CEO가 외부에서 경영자를 영입하지 내부에서 선발하는 경우는 적다고 한다. 무엇보다 매일 성과와 조직 이슈로 인해 야근을 하는 팀장이 되지 않겠다고 한다.

경영 TIP

팀장의 역할 인식과 조직/성과관리는 핵심이다

20명 이하의 조직에서는 CEO가 다소 무리가 되지만, 조직과 성과관리를 할 수 있다. 하지만, 50명이 넘어가면 혼자 조직과 성과관리를 할 수 있는 범위를 넘게 된다. 중간 관리자가 필요하다. CEO가 혼자 방향, 전략, 방안을 모색하고 추진해 온 경우, 중간관리자를 선정해 권한위임을 하는 것은 큰 용기가 필요하다. 중간관리자는 자신의 역할이 무엇이며, 어떻게 조직과 성과 관리를 해야 하는가 사전에 명확하게 인지하고 있

조직과 개인의
비전과 목표가 없다

어야 한다. 중소기업에서 사전 중간관리자 후보자를 선정하고, 철저한 검증 프로세스를 거쳐 중간관리자가 되는 경우는 거의 없다. 상황이 이렇다 보니, 일 잘하고 성실한 직원을 중간관리자로 임명하면, 팀워크가 무너지고 성과가 떨어지는 경우가 많다. 직원 때 일 잘하던 것과 부서장으로 일 잘하는 것은 차원이 다르다. 사전에 부서장의 역할과 조직을 관리하는 철학과 방법, 성과의 프로세스와 중점을 두어야 할 포인트를 알고 이끌어 가도록 단계별 선발 및 육성 프로세스가 있어야 한다.

목표와 열정이 없는 부서장들, 이래도 저래도 시간은 흘러간다

CEO를 보좌하는가? 보완하는가?

중소기업의 임원은 실무를 하지 않을 수 없다. 조직과 성과관리는 물론이고, 중요한 일은 직접 담당한다. 직원들과 같이 개별 목표가 있고 조직과 성과에 대한 책임도 있다. 조직 구성원 중 성과가 미흡한 직원은 지도와 교육도 담당해야 하고, 문제가 발생하면 직접 해결해야 한다. 하루 종일 무슨 회의는 그렇게도 많다. 굳이 임원이 참석할 필요가 없는 회의에 참석해야 한다. 중요 거래처 과장만 와도 잠시 시간을 내어 인사를 해야 한다. 우선순위를 정해 일을 추진한다고 하지만, 계획대로 일이 진행된 적이 거의 없다. 하루를 마치는 시점에서 바쁘게 하루를 보냈지만, 결과는 없다.

임원은 CEO를 보좌하는 것이 아닌 보완해야 한다고 알고 있지만, 현실은 전혀 그럴 수 없는 상황이다. 대부분의 방향과 전략 중점 과제는 CEO가 정해 지시로 떨어진다. 임원이 직접 담당해야 할 과제가 있기 때문에 실행에 역점을 둘수밖에 없다. 현업에서 사소한 문제가 발생되면 전부 임원을 찾는다. CEO가 지시한 일의 중간보고를 해야 하지만, 중간보고서를 작성할 시간이 없다. 어제 지시한 일도 정리하지 못했는데, 수많은 지시가 떨어진다.

목표를 잡을 수가 없다

생산담당인 A 상무는 월 단위 생산계획이 없다. 주 단위도 아닌 일일 또는 3일 생산계획을 가져간다. 모기업에 주 단위라도 생산량을 알려 달라고 했지만, 지켜지지 않는다. 매일 저녁 다음 날 생산량을 모기업에 문의하는 것이 A 상무의 일이다. 특정한 주기가 없이 그때그때 생산량이 다르기 때문에 일정량을 정해 생산하는 것도 리스크가 크다. 생산부서에서 생산목표를 정할 수 없다. A 상무는 자동화율, 품질 수준, 납기 및 클레임 거수 등의 목표를 정했지만, 직원들의 표정은 냉랭하다. 모기업이 최소 주 단위 생산 주문을 하면, 모든 문제가 해결된다고 주장한다. A 상무는 모기업만 바라보는 생산본부에서 자신의 역할이 무엇인가 심각하게 고민한다.

시간만 지나면 급여가 나온다

3월이지만, 사업계획이 확정되지 않았다. 수주산업인 관계로 주 거래 회사의 사업계획이 확정되어야 어느 정도 수주 가능성을 알 수 있다. 또한, 사업계획을 작성한다고 해도 월별 점검이나 피드백이 없었기 때문에 굳이 사업계획을 작성할 필요가 있느냐는 생각이 강하다.

천수답처럼 비가 오면 모를 심는 식으로 수주가 있으면 설계부터 생산이 진행된다. 하지만, 수주가 없으면 연구개발, 설계, 생산부서 모두 영업부서만 바라본다. 회사는 기존 업체의 유지관리로 매출은 발생한다. 직원들은 우리는 최소 유지관리로 급여는 나온다는 생각을 갖고 있다.

경영 TIP

부서장이 바뀌지 않으면 혁신과 성과관리는 어렵다

부서장의 목표와 열정이 없으면 회사는 점점 망해가게 된다. 기존 부서장을 바꾸는 것은 생각보다 쉽지 않다. 냉정하게 판단하여 신속하게 조치해야 한다. 이보다 더 중요한 일은 제 역할 이상을 하는 부서장을 엄선하는 것이다. 부서장 선발 프로세스를 갖추고, 이들을 혹독하게 육성해야 한다. 최대 분기 단위의 목표와 결과관리, 점검과 피드백을 통해 성과관리체계를 이끌어가야 한다.

조직과 개인의
비전과 목표가 없다

본받을
사람이 없다

내 동생이라면 이곳에 입사 추천을 하지 않겠다

이곳에서 근무하는 것이 자랑스럽지 않다

A산업 프로젝트를 수행하며 우선 전 구성원의 의식조사를 실시하였다. 50여 객관식 문항과 10개의 주관식 문항에 대해 무기명으로 기입하도록 했다. 객관식 문항 중 하나에 '나는 이곳에서 근무하는 것이 자랑스럽다'가 있었다. 긍정응답률이 30% 이하였다. 일하고 싶은 회사로 선정된 대기업에 동일한 질문을 했을 때의 긍정응답률은 97%였다. CEO는 70% 이상은 될 것이라고 했고, 문항이 주는 긍정적 이미지로 다소 높을 것으로 예상했지만, 낮은 응답이 나와 직급별 개별 인터뷰를 실시하였다. 인터뷰에 참석한 직원들은 비밀 유지를 전제로 매우 솔직하게 응답하였다. 자신의 역량 수준이 높지 않아 이 기업에 입사한 것은 당연하다, 하지만 근무

하면서 보다 좋은 직장을 구하고자 했지만 목표대로 하지 못했다, 지금이라도 기회가 된다면 이직하고 싶다는 이야기가 대부분이었다. 불만의 원인은 보상과 복리후생도 있지만, 이곳에서는 성장할 수 없다는 생각이었다. 한 명이 '제 동생이라면 이곳에 입사 추천을 절대 하지 않겠다'고 한다.

왜 직원은 근무 회사를 자랑스럽다고 말하지 않는가?

10개의 장점이 있고, 1개의 단점이 있다면, 10개의 장점에 감사하는 마음이 클까? 1개의 단점이 신경 쓰이고 짜증나는 마음이 클까? 10개의 장점보다는 1개의 단점이 더 신경 쓰이나 보다. S그룹의 관계사 중 가장 보상과 복리후생 수준이 높고, 인간적이며 자율 분위기가 으뜸이었던 A사의 구성원 의식조사 결과는 평균 이하였다. 석사 이상인 이 회사 구성원의 퇴직률도 높았다. 자신이 이 회사에 근무하는 만큼 일정 수준 이상을 바라는데, 충족되지 않았을 때의 불만이 강했다. 높은 기대 수준에 비해 낮은 현실이 문제가 된다. 또 다른 이유는 비교 대상이 매우 높은 곳이고 열악한 곳에 대한 무지이다. 다른 곳이 어느 수준인가를 알지 못하니까 막연한 기대와 이곳의 단점이 돋보이는 경향도 있다.

일하고 싶은 회사를 만들기 위해서는 우선 일의 자부심을 높여야 한다

초우량 기업의 특징 중에는 직원들이 일의 의미를 알고 일에 대한 자부심이 높다는 점이 있다. 근무하면서 정체되지 않고 성장하고 있다고 느낀다. 회사와 직무를 수행하는 것이 즐겁다고 한다. 이곳에서 근무하는 것이 자랑스럽다고 구성원이 느끼고 말하기 위해서는 우선, 일에 의미를 부여하고 자부심을 갖도록 하는 것이 첩경이다. 어떤 일을 하고 직급이 무엇인가도 중요하지만, 주어진 일에 어떤 마음가짐과 자세로 일하고 있느냐가 더 중요하다. 편의점 아르바이트를 해도 한 명은 시간만 지나기를 바라며 계산만 한다. 손님이 많은 물건을 가져와도 바라만 본다. 한 명은 물건의 수량과 진열을 살피며 자주 청소를 한다. 손님이 들어오면 인사는 기본이며 찾는 것을 도와준다. 자신의 일에 의미를 부여하고 임하는 사람과 단지 생계의 수단으로 돈을 번다는 사람은 큰 차이가 있다.

제가 떠나는 이유는 안주하는 마음입니다

'중소기업에서는 5년 안에 이직 못 하면 곤란해요'

A산업 대리 이하 직원들 대상으로 '일 잘하는 사람들의 10가지 비결'에 대한 강의를 진행했다. 업의 본질과 일의 의미, 꿈과 목표, 일하는 방식, 상사 등 인간관계, 수명과 보고, 정도와 기본 등의 설명과 토론을 하고 피드백을 했다. 강의가 진행되는 중 자기계발 영역에 있어 홍길동 주임이 "중소기업에서는 자기계발을 할 수 있는 기회와 시간이 없다"고 말한다. 참석자들 대부분이 동의하며, "이곳에서는 정체되어 가는 자신을 보며 더 이상 이래서는 안 되겠다는 생각으로 더 늦기 전에 이직을 한다"고 강조한다. "통상 몇 년 안에 이직을 생각하냐?"고 물으니, 5년 안에 이직하지 못하면 곤란하다고 한다.

이직의 가장 큰 이유는 안주하는 마음입니다

홍길동 주임이 이직을 신청했다. 이직 사유는 학업(대학원 입학)이었다. 자신의 꿈을 달성하기 위해서는 대학원을 가야만 하고, 야간에는 자신이 원하는 과정이 없다고 한다. "이곳에서는 그 꿈을 이룰 수 없나?" 하니 머물면 머물수록 꿈과 목표는 사라지고 하루하루 안일한 삶을 살아갈 것 같은 불안감만 증가한다고 한다. 한 달 내내 책을 한 권이라도 읽는 선배를 본 적이 없다. 모든 점심은 구내 식당에서만 하고, 외부 식당에서 저녁을 먹어도 전부 사내 지인이다. 가끔 서울에 교육받으러 가는 경우가 있지만, 자신이 무슨 교육을 받았고 어떤 시사점이 있었다고 공유하는 직원이 없다. 대학 동기들은 프로젝트를 책임지며, 해외 벤치마킹에 회사에서 학습 동아리를 만들어 무슨 문제에 도전하고 있다고 자랑하는데, 내세울 것이 없다고 한다. 어제 했던 일을 그대로 오늘 하고 내일도 같은 일을 할 자신을 보니 화가 난다고 한다. 더 있어서는 안 되는 이유는 팀의 A 과장과 B 차장이 자신과 별반 다르지 않기 때문이다. 팀장은 가치가 높은 직무와 조직관리 등 여러 총괄 업무를 수행하고, 중요 회의에 참석하기 때문에 하는 역할과 일이 다르다. 하지만, 팀원들은 다르다. 자신의 일에 푹 빠져 남의 일에 대해서는 관심이 없는 경우가 많다. 기존의 관행이나 방식을 준수하고 변화하려고 하지 않는다. 개인의 꿈과 목표를 설정한 적이 없다. 하루하루 주어진 일만 수행해도 녹초가 된다. 야근을 하고 귀가하면 만사가 귀찮다. 아래 후배들에게 다소 가치가 낮은 일반 업무를 부탁하면 자신의 일이 아니라고 한다. 이런 모습을 후배들이 보며 실망한다. 더 이상 근무하면 나이는 많아지고, 그에 따른 직무 전문성이 높아야 하는데 불가능하다. 더 늦기 전에 떠나려 한다.

경영 TIP

어떻게 성장하게 할 것인가?

하루아침에 전 직원의 전문성을 높일 수는 없다. 제도적 정비가 필요하다. 혼자서는 성장할 수 없다. 함께 성장하는 문화를 가져가야 한다. 성장 이야기만 하면, CEO는 육성해 놓으면 퇴직한다고 한다. CEO부터 이곳을 퇴직해도 국가에 기여한다는 생각을 가져야 한다. 점검과 피드백이 없으면 성공할 수 없다. 월별 면담과 피드백을 의무화하고, 각 팀별 육성 내용과 문제가 무엇인지 보고받고 지원해 줘야 한다. 조직과 구성원의 높은 전문성 확보는 한순간에 이루어지지 않는다. 중장기적 육성체계 구축과 무엇보다 현업 부서장의 참여가 중요하다.

{ 술보다
일의 방법을 알려주세요 }

김 대리, 소주 한잔하자

설계팀에서 독보적인 실력을 보유하고 있는 김 대리의 퇴직 소식에 회사가 어수선하다. 김 대리는 인사성이 밝고 직원들과 관계가 원만할 뿐 아니라 힘들어하는 직원을 도와 기꺼이 밤을 새우는 의리로 모든 직원이 그의 퇴직을 만류했다. 오죽하면 경영지원실 B 상무가 김 대리를 불러 퇴직을 만류하였으나 김 대리의 결심은 확고했다. 결국, A 사장이 김 대리에게 소주 한잔하자고 했다.

김 대리는 설계 분야에서는 회사 내에서 가장 전문성이 높다. 미국에서 설계를 전공하고 귀국해 A산업에 입사한 이후, 많은 대기업의 스카우트 제의와 일을 했던 기업에서도 오라고 손을 내밀었지만 4년 넘게 성실하게 일했던 인재였다. A 사장은 저녁을 하면서 회사에서 없어서는 안 되는 인재라며 잔류를 요청했으나, 김 대리는 이직의사를 분명히 한다.

모든 것을 혼자 해 나가야 했기 때문에 힘들었다

김 대리가 입사할 당시에 설계팀은 3명 있었으나, 김 대리 입사 후 2명은 다른 부서로 옮겼고, 1명은 퇴사했다. 타 팀에서 온 2명의 직원은 과장과 차장이었지만, 설계 능력이 없는 상태였다. 김 대리는 입사 후 모든 설계 업무를 도맡아 했고, 선배들은 주로 행정 및 영업팀과의 업무 조정 업무를 수행했다. 영업팀은 설계가 늦어지면 김 대리에게 직접 빨리 하라고 강하게 재촉했다. 중요하고 시급한 설계라고 해서 먼저 해주면, 이로 인해 늦어진 다른 설계를 담당하는 영업팀의 선배에게 한마디 듣는 것은 일상이 되었다.

김 대리는 팀장에게 설계팀에 신입 1명을 선발해 달라고 수차례 요청했지만, 팀의 인원이 3명이기 때문에 어렵다는 말을 들었다. 그렇다고 년차가 나는 과장, 차장을 가르치기는 쉽지 않았다. 결국, 영업팀의 업무 우선순위와 마감 조정을 차장이 담당하도록 했다. 김 대리는 B 차장의 업무 계획에 따라 설계를 하고, 중간에 영업팀의 모든 요청을 B 차장을 통해 접수되도록 했다. 하지만, 영업팀의 과장 이하의 직원들은 B 차장에게 요청하기가 어려워 김 대리에게 개인적으로 부탁하는 경우가 많았다.

김 대리는 설계 이외에도 재무와 인사, 생산과 영업 등 기업의 전반적인 업무에 대한 이해를 넓히고 싶었다. 향후 자신의 이름으로 된 설계 회사를 운영하기 위해 다양한 직무를 경험하고, 외부 다양한 모임에 참석하여 네트워크도 넓히고 싶었다. 학회에 참석하여 미국에서 배운 이론과 회사에서 경험한 현실의 차이에 대한 지식의 폭을 넓히고 싶은 욕심도 있었다. 하지만, 업무에 치여 아무것도 할 수 없는 상황이 되었다. 3년 가까이 개선될 것이라 생각했지만, 변화된 것은 없었다. 작년에는 선배 과장의 승진을 위해 평가등급도 보통이 되었다. 배우는 업무는 없고 배울 시간도 없었다. 내가 아니면 안 된다는 생각으로 버텼지만, 더 이상 이 상태가 지속되는 것을 견딜 수 없었다. 일하는 방법을 배우고 싶었지만, 해 왔던 일만 반복할 뿐이었다.

사장은 왜 이런 상황을 자신에게 말하지 않았느냐 묻는다. 사원이 CEO에게 애로사항을 이야기하는 것은 쉽지 않다. 사장은 경력사원을 빨리 뽑아 업무를 분담하도록 하겠다고 했으나, 김 대리의 마음을 돌릴 수 없었다.

중소기업은 핵심인재를 개별적으로 관리해야 한다

중소기업은 직원 개개인이 전부 중요하다. 그 누군가 퇴직한다면 그 일은 남은 직원이 해야만 한다. 한 명의 직원이 여러 업무를 수행하고, 매뉴얼이 없기 때문에 혼란이 올 수밖에 없다. 대기업은 직원이 퇴사하면 바로 다른 직원을 선발할 수 있지만, 지방에 있는 중소기업은 직원 한 명 채용하기가 쉽지 않다. 그러므로 직원의 선제적 마음관리가 필수이다.

수많은 직무와 지원이 있지만, 더 중요하고 역량 있는 직원이 있다. 이 직무의 핵심인재는 개별적으로 유지관리를 해야 한다. 이 직무의 핵심인재가 퇴직하면 회사는 치명적이 될 수 있다. 잘못되었을 때를 대비한 대응 프로그램이 있어야 한다. 핵심직무의 핵심인재 곁에 우수인재가 있어야 하는 이유이다.

{ 저는
성장하고 싶습니다 }

홀어머니를 모시고 집에서 출근할 수 있는 장점으로 집 근처의 지방 중소기업을 선택한 홍길동 사원의 꿈은 자동화 분야의 전문가였다. 공대를 졸업하고 엔지니어로 생산현장을 지원한 홍길동 사원은 생산관리팀에 배치되어 생산계획과 실적을 담당했다. 주와 일별 생산계획을 세우고 매일 실적을 집계하고 생산량 변동이 있으면 원인을 분석하는 것이 주 업무였다. 거래선으로부터 물량이 나오면 마감, 생산설비, 현장 근무자 등을 고려하여 생산계획을 세운다. 중간에 기계고장, 근로자의 휴가 등 변동이 일어나면 생산부서장과 함께 대책을 세우고 긴급한 구매 요청에 조치해야 했다. 무엇보다 재고조사, 품질 수준, 불량품 감소 대책 등 본사에서 요구하는 각종 보고서를 작성하면 한 달이 어떻게 지나는지 모른다. 홍길동 사원은 자신의 꿈인 자동화 분야의 전문가가 아닌 생산관리 업무를 담당하는 것이 옳은가 고민이 많다.

1년이 지난 후, 홍길동 사원은 자동화 설비 제작 회사에 입사 서류를 제출했다. 서류가 통과되고 2일간의 면접이 진행되는 관계로 팀장에게 상황을 말하고 휴가를 신청했다. 팀장은 전문가의 길을 걷기보다는 경영자의 길을 걷는 것이 우리 현실에 맞다고 한다. 중소기업에서는 다양한 업무를 수행할 수 있는 사람을 원하며 한 분야의 업무만을 할 수 없기 때문에 전문가로 성장하는 것은 불가능하다고 설득한다. 홍길동 사원은 전문가로 성장하고 싶다며 결국 퇴직을 선택한다.

전문성을 갖출 수 있도록 하는 경력 개발 체계가 없다

중소기업은 인력 규모도 작아 한 사람이 여러 직무를 담당하기 때문에 직무를 단계별 세분화할 수 있는 상황이 될 수 없다. 직무 전문성은 연차에 따른 경험과 숙련의 정도뿐이다. 자격증을 취득하고, 특허 개발, 새로운 방식의 직무 수행, 고부가가치 창출을 위한 매뉴얼을 만들고 가르칠 수 있는 강의안 등을 개발하는 보다 심도 있는 직무는 기대할 수 없다. 여력이 없다는 것이 맞는 말이다. 직무 전문성보다는 직급 승급과 직책 승진으로 관리자, 경영자가 되는 것이 우선이다. CEO와 경영자도 누가 팀장이 될 사람인가, 팀장 중에서 누구를 임원으로 할 것인가에 관심이 많다. 전문성을 한 분야의 깊이 있는 지식과 스킬로 인식하기보다는 다양한 직무를 경험하고 폭넓은 지식을 바탕으로 의사결정을 잘하는가로 생각하는 경향이 있다.

경영 TIP

중소기업도 2트랙이 필요하다

성장을 바라는 직원들이 많다. 경영자의 길과 전문가의 길을 보여줘야 한다. 굳이 Y자형 육성체계는 아니라고 해도, 직군 단위의 넓은 직무 순환을 통해 직무 전반을 이해하게 해야 한다. 역량이 높고 성과가 뛰어난 직원은 타 직군의 경험을 하게 하여 리더의 기회를 주도록 해야 한다.

본받을
사람이 없다

{ 왜 이렇게
해야 하나요? }

제안을 해도 반영되지 않아요

독거노인이 살고 있는 마을에 연탄 배달을 간 적이 있다. 마을 입구에서 언덕 위 집까지는 차가 들어갈 수 없는 좁은 길이기 때문에 연탄을 들고 날라야 했다. 한 명이 연탄 2장을 들고 10분 정도 걸어가야만 했다. 열심히 하지만, 쌓여 있는 연탄이 좀처럼 줄지 않았다. 직원 중 한 명이 입구부터 일렬로 서서 배달을 하자고 했고, 10여 미터씩 거리를 두고 연탄을 나르기 시작했다. 이전 방법에 비해 빠르게 배달을 마칠 수 있었다.

회사 일을 하면서 기존 방식이 아닌 다른 방식을 택하면 매우 효율적으로 일을 끝내고 성과도 높일 수 있다. 기존의 방식에 익숙한 직원들은 대개 새로운 방식을 생각하기 어렵다. 벤치마킹이나 누군가의 조언 등 계기가 있어야 개선이 가능하다. 만약, 이미 현재 돌아가는 방식이 성과가 있다면 그것이 익숙하기 때문에 바꾸겠다는 생각을 하지 않을 수 있다. 사실, 이렇게 하기까지 많은 문제 제기와 개선이 있었다. 그래서인지 신입사원이 지금 방법을 이렇게 바꾸면 어떻겠냐는 말을 하면, 다 해봤다고 무시하는 경향이 있다.

회사에는 제안제도가 있다. 한 달에 한 건의 제안도 하지 않는 직원이 많다. 경영자는 제안제도가 좋다는 것을 안다. 직원들에게 제안을 하라고 하지만 제안 건수는 그리 높지 않다. 여러 이유가 있지만, 제안을 해도 피드백이 없는 경우도 중요한 이유이다. 하찮거나, 제안 같지도 않은 형식적 제안, 기존에 했던 제안일 수도 있다. 그렇다고 해도 왜 채택되지 않는지, 채택되었다면 어느 수준이고 어떤 혜택이 있는지 알려주지 않는다. 지금까지 어떤 제안이 있었는지 알 수도 없다. 제안했다고 천 원을 받았는데, 그 제안이 반영되어 실행되는 것을 못 봤다면 다음에 또 제안을 하겠는가?

왜 이렇게 해야 하나요?

매뉴얼대로 일을 하라고 한다. 생산라인에 앉아 하루 종일 동일한 작업을 반복한다. 1시간 20분 일하고 10분 휴식을 한다. 전날 과음을 했다면 무척 힘들다. 하루 종일 무한 반복되는 일이 지겹다. 왜 이렇게 해야 하는가 문제의식을 갖고, 홍길동 사원은 공정 전체를 분석하여 사람이 해야만 하는 일과 자동화를 추진할 일을 구분하였다. 공정의 절반 이상은 자동화를 추진할 수 있었다. 홍길동 사원은 개략적인 보고서를 작성해 생산팀장에게 보고하였다. 생산팀장은 자동화하는 비용보다 사람이 하는 비용이 훨씬 저렴하고, 다품종 소량 생산체계이기 때문에 자동화도 쉽지 않다고 그냥 열심히 하라고 한다. 언제까지 이렇게 해야 하나 물으니 우리는 중소기업이라고 한다.

경영 TIP

직원들이 문제의식을 갖고 개선하도록 문화를 이끌어야 한다

현장의 개선은 한순간에 이루어지지 않는다. 우선 자신의 일이라는 생각이 중요하다. 생산 기계에 자신의 이름을 붙이는 것도 한 수단이다. 일을 하면서 개선할 수 있는 계기를 마련해야 한다. 독서, 학습활동, 개선 동아리, 주제발표 등의 팀활동을 통해 문제를 찾고 개선할 수 있도록 가져간다. 인정과 보상시스템 구축도 중요하다. 제안제도도 제안 그 자체도 중요하지만, 자신의 제안이 지금 어느 상태에 있고, 제안이 채택되면 어떤 효과가 있어 어떤 혜택을 준다는 것을 알게 해줘야 한다.

{ 상사와 선배에게
혼나지만 않으면 된다 }

열정, 나에게 무슨 혜택이 있나요?

홍길동 대리는 A산업에 입사한 지 5년 차이다. 입사 초기에 학교와는 다른 실무를 배운다는 생각으로 선배들에게 꾸중을 들어가며 열심히 배웠다. 회사에 적응되며 일이 많아지기 시작했다. 처음에는 여유가 있는 편이었으나, 직원이 퇴직하면 자연스럽게 그 일을 홍길동 대리가 담당하게 되었다. 팀의 일상적이고 자잘한 업무도 부과되고 어느 순간 하루 종일 일에 치이는 상황이 되었다. 출근하여 이 일 저 일을 마무리하면 점심시간도 넘기고 저녁 늦은 시간이 되어 버린다. 홍길동 대리는 주어진 일에 문제가 생기지 않고 마무리하는 것이 목표가 되어 버렸다. 선배나 상사가 새로운 일을 요청하면 무조건 안 된다고 말한다. 사실 더 할 수 있는 상황도 아니고, 수용하면 계속 더 많은 일을 감당해야 하기 때문에 하기 싫은 부분도 있었다.

홍길동 대리에게 열정을 찾아볼 수 없다. 일에 지친 모습이며 짜증이 많기 때문에 말을 붙이기도 어렵다. 처음 입사했을 때의 밝고 붙임성 있는 모습은 찾아볼 수가 없다. 홍 대리 이후 3명의 신입사원이 입사했지만, 지금 한 명도 남아있지 않다. 홍 대리가 팀의 막내이다. 홍 대리는 타 팀으로 여러 번 전배를 요청했으나, 이 팀에 오려고 하는 직원이 없다. 정체된 팀의 분위기 속에 홍 대리에게 열정을 내라는 말을 할 수가 없다. 홍 대리 역시 주어진 일만 할 뿐이다. 일은 많이 하지만, 중요한 업무는 과장과 차장 선배들이 담당하기 때문에 홍 대리의 평가등급은 항상 보통이다.

꿈과 목표가 없는 직원에게 무엇을 바라겠는가?

A산업은 지방에 위치하고 있고, 5년 동안 홍 대리는 일도 많았고 여러 사정으로 자신의 역량을 키우지 못했다. 기숙사 생활을 했기 때문에 퇴근 후에도 A산업을 벗어나지 못하다 보니, 5년이라는 시간 동안 무엇을 했나 후회만 된다. 서울에 위치한 기업에 도전하기에는 나이도 많고 무엇보다 A산업에 5년 근무한 것 외에는 내세울 자격이 없었다. A산업에

서 경영자가 되겠다는 생각도 없다. 임원은 대부분 외부에서 영입되지, 내부에서 승진하는 사람은 없다. 학력을 쌓고 자격증을 취득하고 싶은 마음은 있으나 그만한 여유가 없었다. 이제는 날이 밝으면 출근하고, 주어진 일을 하다 구내식당에서 저녁을 먹고 사무실에 조금 있다가 기숙사로 가는 것이 일과이다. 내일을 생각해도 크게 변할 것 같지가 않다.

경영 TIP

정체된 기업은 망한다

기업은 지속성장해야만 한다. 정체된 기업은 언젠가는 망한다. 기업이 정체되지 않으려면 임직원들의 성장은 기본이다. 임직원들이 정체되지 않고 성장하고 있다는 생각을 갖고 실천해야 한다. 성과목표가 분명하고 최소한 월 단위의 점검과 피드백이 이루어져야 한다. 자신의 현 위치를 명확하게 알려주고, 보다 성장된 모습을 그리며 구체적이고 지속적으로 실천해 나가도록 해야 한다. 더 밀착된 관계력을 바탕으로 관심을 갖고 동기부여하면 성과는 반드시 창출된다.

{ 함께 가야 하는 것 아닙니까? }

CEO만의 회사가 아닙니다

어느 중소기업이나 비슷하지만, CEO가 전부이다. 대부분 상장되지 않고 오너가 CEO인 기업이 많다. 모든 책임이 CEO에게 집중되어 있어, CEO의 결정은 절대적이다. A산업의 사장은 회사가 자신의 삶의 전부였다. 회사 이익을 추구하되, 성장에 저해가 되는 일과 사람에게는 무자비했다. 창업 당시 입사했던 B 부장의 잘못으로 회사가 손해를 보게 되자 개인 변상을 시킨다고 호통을 치다 결국 퇴사하도록 해 직원들로부터 원망이 높다. 전략과 관리 업무를 총괄하는 최 상무가 사장에게 고객만족도 좋지만, 종업원 먼저 만족시켜야 한다고 이야기했다가 퇴직했다. 최 상무는 A산업은 사장님만의 회사가 아닌 임직원과 그 가족들의 오늘과 내일이 함께하는 회사라는 글을 남기고 회사를 떠났다.

책임을 면하려고만 한다

사장은 생산, 영업, 관리본부를 모두 자사화하기로 결정했다. A산업은 지주회사 성격의 A홀딩스를 만들고, 영업 자회사, 생산 자회사, 경영관리 자회사를 나누어 각각 CEO를 임명했다. A홀딩스는 전략과 제도, 자회사 자산과 임원 관리를 실시하였다. 형식적으로는 자회사 중심의 독립채산제를 운영하지만, 실질적으로는 A홀딩스에서 좌지우지했다.

생산자회사에 노동조합이 결성되었다. 여러 병폐 해결을 주장하며 전면 파업을 하자, 홀딩스의 사장은 직장 폐쇄를 선언하고 그 어떠한 타협도 없다고 선언했다. 생산은 중국 공장의 생산량을 늘려 보완하면 된다고 결정했다. 수십 명의 생산직 직원은 근무조건 개선, 생산공장 재가동을 주장하며 농성을 이어갔지만, 사장은 생산 CEO에게 책임을 떠넘기고 자신은 모르는 일이라고 한다.

경영 TIP

임직원과의 한 마음 한 방향 정열이 우선이다

CEO 혼자 기업을 이끌어 갈 수는 있지만, 한계가 있다. 일이 많아지고 성장하면 조직과 인원은 늘 수밖에 없다. CEO가 자신만 생각한다면, 임직원은 생각 없이 시키는 일만 하는 부하는 될지 몰라도 사업의 파트너는 될 수 없다. 이런 생각과 행동으로는 지속 성장을 이끌어 갈 수가 없다. 함께 가기 위해서는 지향하는 바가 같아야 한다. 한 방향의 모습으로 한마음이 되어야 한다. 회사가 가치체계를 수립하고 임직원 모두가 한 방향 정열을 내재화하고 체질화해야만 한다.

{ 존경할 롤 모델이 없어요 }

사장님도 현 상태 유지가 최선의 목표라고 해요

A 사장은 더 이상 조직과 종업원 수를 키울 생각이 없다. 현재 중소기업으로 분류되어 있는데 중견기업이 되면 규제는 심해지고 혜택이 많이 사라진다. 현 20명 규모의 사업구조가 적당하다고 생각하고 있다. 홍길동 과장은 대학을 졸업하고 이 회사에 입사하면서 전문가로 성장하겠다는 생각을 가졌다. 대리 시절, 생산제품을 획기적으로 개선하여 생산비용은 낮추고 품질 수준은 높여 S전자 협력업체로 지정되었다. 생산되는 제품을 전부 납품되고, 요구하는 수량이 매년 2배 이상 많아지면서 회사의 매출도 매년 30% 이상 증가하고 인원도 홍 과장이 대리일 때 10명이었는데 20명을 넘게 되었다.

본받을
사람이 없다

홍 과장은 신제품 개발에 대한 목표를 세우고 A 사장에게 연구개발 계획서를 제출하였다. A 사장은 사업을 키울 생각이 없었다. 홍 과장에게 신제품 개발에 투자할 여력이 없다고 하며, 현 수준을 유지할 생각이라고 했다. 홍 과장은 팀장과 본부장에게 신제품 개발의 필요성을 여러 차례 이야기했지만, 현 상태를 유지하는 것이 좋겠다는 말만 한다.

회사 내 배우거나 본받을 롤모델이 없다

대리 이하 직원들 대상으로 '사원 업무역량 향상 과정'의 강의를 한 적이 있다. 강의 전 무기명으로 10가지 질문을 하였다. 이 중 '회사에 존경하고 배울 점이 많은 선배나 상사가 있는가? 있다면 누구인가?'를 적도록 하였다. 30명의 대상자 중 있다고 체크하고 1명을 적은 사람은 1명이었다. 적힌 사람은 과장이었다. 설문 결과를 설명하며, 이 질문에 대해 왜 본받을 선배나 상사가 없는가 물었다. 대부분의 의견은 모범이 될 만한 행동을 솔선수범하거나 일관성 있게 지속하지 않는다고 한다. 더 심각한 것은 실력도 없으면서 나이와 직급이 높다는 이유로 일방적으로 시킨다고 한다.

존경받는 선배 또는 상사가 롤모델이 되어야 한다

직원들에게 존경하는 선배와 상사의 특징을 적게 하였다. 몇몇의 의견
이었지만, 일과 관계에 대해 정리한 자료에 대해 대부분 공감했다. 일
에 관해서는 전문성이 높다, 방향 제시가 분명하다, 의사결정이 왔다
갔다 하지 않고 올바르며 신속하다, 공정한 업무분장을 한다 등이 제시
되었다. 관계에 관해서는 인성이 좋고 관심과 배려를 해 준다, 사기 진
작을 하며 동기부여를 잘한다 등을 꼽았다. 선배와 부서장이 자신의 역
할을 인식하고 조직관리(일과 사람관리)에 있어 모범이 되도록 해야
한다. 후배들이 선배와 상사를 보며 자신의 꿈과 열정을 키워가는 것이
회사를 성장시키는 데 매우 중요하다.

{ 팀장이나 임원이나 똑같아요 }

징검다리 역할을 그만 했으면 좋겠다

홍 과장은 요즘 매우 힘들다. 사장의 지시는 매일 한 건 이상 떨어지는데, 본부장과 팀장의 지시는 똑같다. "사장님 지시 사항이니 언제까지 보고서를 작성하라"가 전부이다. 홍 과장은 1~2장의 업무추진계획을 작성해 보고한다. 팀장은 큰 수정사항 없이 본부장에게 보고하고, 본부장은 중간보고를 하라고 한다. 홍 과장이 중간보고서를 작성하여 팀장에게 보고하면, 본부장이 보고 사장에게 보고한다. 대부분 사장 보고가 이루어지면 수정이 내려온다. 수정 사항을 반영하여 최종 보고서를 작성한다. 대부분 사전 한두 번의 수정을 거친 최종보고는 결재가 되어 내려온다. 하지만, 마감이 촉박한 일이거나, 중요한 일은 최종보고가 수정되는 일이 종

종 있다. 홍 과장을 힘들게 하는 일은 초기 업무 계획서 작성
이다. 목적과 기대효과, 추진 프로세스와 일정, 지원사항을
간략하게 적은 초안 보고는 통상 2~3번 왕복을 거친다. 팀
장과 본부장이 승인한 것에 사장의 방향이 다르다, 프로세스
를 그렇게 가져가면 안 된다, 반드시 어느 사례가 들어가야
한다, 전문가인 누구의 의견을 담아야 한다는 등의 의견이
달린다. 방향이나 기대효과가 다를 경우에는 홍 과장은 무에
서 유를 창출한다. 그 과정에 팀장이나 임원인 본부장의 의
견은 없다.

이 일의 책임은 누구입니까?

공장에서 사고가 발생했다. 외주를 준 회사의 직원이 공
사를 하다가 떨어져 사망했다. 지역 신문에 기사화된 사건이
었는데, 회사에 책임을 지는 사람이 없다. 외주사의 책임하
에 공사가 진행되었고, 안전 수칙을 어긴 직원의 실수로 사
망했다는 것이 최종 결과물이었다. 공사장에 안전장치는 없
었고, 본사 공사책임자와 안전관리자 없이 진행된 공사였다.
지역 신문에 이어 방송사가 취재하고, 경찰과 고용노동부 등
의 조사가 진행되었다. 생산팀장과 안전환경팀장은 전부 외
주사 책임으로 이야기하다가 생산담당자의 관리 소홀로 몰

고 갔다. 생산담당 임원도 자신의 업무 범위 이외의 일이라 하며 담당자와 외주사 책임으로 전가한다. 성과가 있고 잘한 일은 전부 자신의 공이라 하고, 회사에 피해를 주거나 잘못된 일은 책임지지 않고 나 몰라라 하는 부서장의 모습에 직원들의 마음은 싸늘하다.

부서장의 솔선수범은 기본 중의 기본이다

가정이 있는 부서장이 사고나 사건의 책임을 지고 불이익을 받는 것은 쉽지 않다. 하지만 부서장이라면 정도경영과 솔선수범은 기본 중의 기본이다. 조직의 방향과 기준을 정하고, 직원들에게 꿈과 열정을 심어주고, 악착같은 실행을 통해 성과를 창출하게 하는 것이 부서장의 역할이다. 담당하는 조직과 그 구성원의 잘못은 조직을 책임지는 부서장의 잘못이고 연대책임을 져야 함이 당연하다. 나는 잘했는데 직원이 잘못했다고 말하는 것은 부서장이라고 말할 수 없다.

회사에서 '정 대리 같은 정 팀장, 정 상무가 아닌, 우리 회사에서는 팀장 되는 것, 임원 되는 것이 가장 어렵다'는 말이 회자되어야 한다. 팀장과 임원의 선발부터 평가가 철저하고 엄격하게 이루어지고 관리되어야 한다.

{ 이것을 알려주면 나가라고 할 텐데…. }

후배들이 배우려 하지 않는다

A산업은 오디오 부품을 생산하는 업체이다. 오디오 데크, 스피커, 사운드카드 등을 생산하고 있다. 부품에 들어가는 소재의 미세한 차이가 소리에 커다란 영향을 미친다. 생산 현장의 장인들은 매뉴얼에 기록할 수 없는 감각이 품질을 결정한다고 생각한다. 똑같은 상황에서 소재를 생산하는데, 장인과 일반 직원의 차이는 극명하게 나타난다. 회사는 장인이라는 호칭을 부여하고 그들은 교대근무에서 제외하고 현장 문제 해결, 매뉴얼 작성, 직원 교육, 생산 공정 관리 업무를 담당하게 했다. 장인들은 자신이 알고 있는 경험과 지식을 후배들에게 전수하려고 했지만, 요즘 후배들은 배우려 하지 않는다고 말한다. 매뉴얼이나 말로는 감각에서 결정되는

섬세함을 전할 수 없다고 한다. 이곳의 일은 옆에서 지켜보며 그 순간을 전하며 몇 번의 시행착오 속에 터득할 수 있다고 강조한다.

선배들이 가르쳐주려고 하지 않아요

생산현장의 후배들은 좀처럼 기술이 늘지 않는다. 선배들이 소재기술을 전수하려 하지 않는다고 한다. 소재기술은 쉽게 전수되지 않는다고 하며 소재 작업은 전부 선배들이 도맡아 한다. 회사는 장인들의 기술 역량이 뛰어나면 퇴직 후 계약직으로 고용을 이어간다. 선배들 입장에서 기술전수를 꺼리는 이유 중 하나라고 한다. 실제 자신이 가지고 있는 소재 개발 노하우를 전부 후배에게 전수한 홍 장인은 정년퇴직이 되기 전에 후배들에게 찬밥신세가 되었고, 이미 기술을 알고 있는 회사에서도 명예퇴직을 강요했다는 소문이 돌았다. 상황이 이런데 누가 자신만이 알고 있는 기술을 후배에게 전수하겠냐고 한다.

전문가를 인정하고 지식경영이 문화가 되도록 해야 한다

정체되지 않고 성장하는 회사는 개인 학습 못지않게 조직 학습이 이루어진다. 선배에 의한 후배 지도가 일상화되고, 선배들은 더 높은 수준의 지식과 기능을 습득하여 후배들에게 가르친다. 전문가들이 인정받고, 회사 내 수많은 특허와 제품 개발이 이루어진다. 더 높은 수준의 지식이 축적되고, 이를 기반으로 성과가 창출되며 조직과 구성원에게 그 혜택이 돌아가도록 한다.

선배들의 한 단계 낮은 기술은 사장시키지 않고 그 기술에 맞는 제품을 생산하는 별도의 공정이나 공장을 만들어 기여할 수 있도록 한다. 지식과 기능이 전수되지 않는 기업이 지속 성장을 이어가는 것은 어렵다. 기업이 새로운 지식과 기능으로 신성장 제품과 서비스를 개발해야 하지만, 단계가 필요하다. 현 지식과 기능을 기반으로 새로운 지식과 기능이 개발되고 향상되어야 한다. 무엇보다 지식과 기능을 지닌 전문가가 인정을 받고 이들이 자신이 지닌 지식과 기능을 공유하며 성과에 기여할 수 있도록 하는 문화 구축이 중요하다.

본받을
사람이 없다

5

주먹구구식의
인사제도

{ 역량은 높은데 우리 연봉으로는 뽑을 수 없다 }

A 팀장, 홍 박사 채용 서두르게

사장은 인사팀장을 불러 이력서 한 통을 준다. "우리 회사에 꼭 필요한 사람이니, 빨리 연락해 출근하게 하라"고 한다. 인사팀장은 연락을 취하고 임원 면접을 실시하였다. 임원들은 학력은 박사이지만, 실무 경험이 없어 입사하면 현장과 갈등이 생기고 업무를 제대로 할 수 없을 것 같다고 부정적이다. 인사팀장은 평가 점수를 보며 홍길동 박사와 처우 조건에 대해 이야기를 나눴다. 홍 박사는 박사 학위 인정은 물론 대학 때 연구 프로젝트의 성과를 강조하며 연봉 7천만 원을 요구했다. 연봉 7천만 원이면 임원들 수준이었다. 현업 경력이 없기에 박사 학위를 고려하면 대졸 기준 6년을 경력으로 삼는 것이 최대 적용 가능한 수준이었다. 6년이면 대리이고 연봉은 3천 7백만 원 정도다. 인사팀장은 면접 결과와 처우에 대해 서로 생각하는 바가 다른 것을 보고하며, 채용이 어렵다고 말하자 사장은 연봉 6천만 원 수준으로 하고 선발하라고 한다. 6천만 원이면 입사 15년 이상인 부장급 수준이었다. 아무리 박사라고 하지만, 현업 경력도 없고, 나이도 어린데 부장급으로 채용하는 것은 기존 직원과의 형평에 맞지 않는다고 말하자, 우리 직원들 역량으로는 따라갈 수 없는 인재로 연봉이 높아도 몇 배 이상 성과를 낼 수 있으니 뽑으라고 한다. 인사팀장은 현업의 반발이 심해 결코 오래 근무하지 못하고 이직할 것이라 장담했다.

그때그때 달라요

개인별 연봉제를 택하고 있는 A산업의 연봉은 천차만별이다. 신규 채용의 경우에도, 학력과 전공에 따라 연봉 수준이 다르다. 경력사원의 경우, 기존의 연봉 수준은 어느 정도 감안하지만, 회사의 중요 직무를 맡지 않으면 절대 더 높은 연봉을 주지 않기로 유명하다. 매년 사장이 직접 직원과 연봉 협상을 하는데, 성과와 역량을 감안하여 결정한다고 하지만, 사장과의 친밀도가 높고 목소리 큰 사람이 더 높은 연봉을 받는 것 같다. 회사는 개인 연봉에 대해 절대 누설하지 않고, 누설 시 징계 조치가 된다고 해도 누가 얼마의 연봉을 받고 있다는 것을 대충 알고 있다.

김 대리는 지방대를 졸업하였지만, 높은 목표와 특유의 열정으로 입사 후 3개의 특허, 수많은 프로젝트를 성공시킨 뛰어난 개발자이다. 자신을 내세우지 않고 묵묵하고 성실한 성격의 김 대리는 자신보다 성과는 낮지만, 회사의 병폐를 많이 알고 있는 입사 동기인 이 대리에 비해 매우 낮은 수준의 연봉을 받고 있는 것을 알게 되었다. 김 대리는 금번 연봉 협상 시, 이 대리보다 높은 수준의 연봉을 요청하였다. 사장은 뛰어난 성과는 인정하지만, 한 사람만 30% 이상의 연봉 인상을 하는 것은 조직과 직원 간 갈등을 유발할 뿐이라며 평균 5% 수준보다 다소 높은 7%를 제안한다. 별다른 성과는 없지만, 사장과의 관계가 뛰어난 이 대리에 비해 낮은 수준이었다.

경영 TIP

공정하고 투명한 제도 운영이 필요하다

연차가 같은데 다른 보상을 주는 것도, 같다고 모두 동일한 보상을 하는 것도 옳지 않다. 인성과 역량(전문성) 수준에 따라 등급을 설정하고, 등급별 연차를 감안한 보상체계를 가져가는 것이 보다 수용성이 높다. 누구나 동일한 보상을 하는 공평 제도라면 구성원은 동기부여가 되지 않아 우수한 직원은 회사를 떠나고, 무능한 직원은 안주하게 할 뿐이다. 역량과 인성을 고려한 공정하고 투명한 제도의 설계와 운영이 중요하다.

{ 지인의 소개라고 하는데 뭘 몰라도 너무 몰라요 }

현장을 모르고 우리와는 너무 차이가 나요

중소기업 직원 중에는 지인의 소개라며 CEO가 채용한 인원이 많다. 대기업과는 다르게 채용 프로세스도 정교하지 않고, 퇴직 인원이 많아 인력이 필요하기 때문에 대부분 형식적 면접을 보며 근무를 하게 된다. 구체적이고 정해진 절차에 따라 채용되는 인력이 적다. 대개는 간단한 회사 안내와 서류 등을 작성하고 곧바로 근무 부서에서 일을 담당하게 된다. 경력으로 입사한 직원은 낯선 환경이고 업무 프로세스와 방식이 다르기 때문에 처음 1~2주는 서툴 수 있지만, 자신의 업무를 찾아 수행한다. 하지만, 지인 소개로 입사한 직원들은 현장을 몰라도 너무 모른다. 적극적으로 궁금한 것을 묻고, 자신의 업무에 대한 체계를 잡아가는 사람이 그리 많지 않다. 부서장이 업무 진행과 지원을 해주지만 한계가 있다. 새로 합류했으면 직원들을 찾아가 인사하고 알아가야 하는데 책상에 앉아 움직임도 적다. 점심도 팀원 아니면 하는 사람이 없고, 주변 상황에 관계없이 대부분 정시가 되면 퇴근을 한다. 직원들은 이번에 지인 소개로 입사한 누구도 얼마 있지 못하고 퇴사할 것이라는 소문이 자자하다.

대부분 중소기업에 지인 소개로 입사하는 사람들은 학력, 인성, 전문성 부분이 다소 떨어진다. 모든 면에서 뛰어난 인재이면 스스로 자신의 길을 걸어가겠지만, 오죽하면 부탁으로 입사했겠냐는 의견이 많다. 사실 부담을 가지고 입사했으면 더 열심히 해야 하는데 실상은 그렇지 못한 면이 많다.

경영 TIP

어렵게 채용된 사람이 오래가며 성과를 낸다

A산업의 채용 개선을 했다. SNS, 학교 방문, 직원 추천 등을 통한 대규모 홍보를 실시하되, 입사지원서부터 3번의 면접을 하며 떨어지는 시스템을 택했다. 입사지원서도 공동역량과 함께 직무별 질문문항을 가져갔다. 면접은 1차 실무면접으로 현업부서에서 실습을 겸한 실무자 면접을 가져갔다. 2차 면접은 팀워크를 살필 수 있는 팀장급 면접으로 했다. 2차 면접을 마친 지원자에 대해서는 회사 소개와 자료를 사전 지급하고 3차 면접으로 임원이 인성과 성장 가능성을 보도록 했다. 3번을 각각 다른 날 실시하였고, 면접은 지원자 1인을 대상으로 모든 면접은

3시간 넘게 진행하게 하였다.

중간에 포기하는 지원자가 있었으나, 최종 합격한 지원자 2명에 대해 1주일 동안 회사 입문교육을 실시하였다. 매일 점심과 저녁은 부서별로 돌아가며 함께 식사를 하며 소개하도록 하였다. 이렇게 채용된 지원자는 경쟁을 통해 어렵게 합격한 영향인지 이전 채용자에 비해 매우 적극적이고 열정적이었다. 현업 입장에서는 자신이 필요한 직원을 자신의 손으로 뽑았기 때문에 더 애정을 갖고 보살펴 주었다.

지인의 소개를 받은 사람이 채용 프로세스를 통과하여 합격하면 기존 직원들의 불만은 없다. 하지만, 주어진 절차를 무시하고 낙하산 식의 채용이 이루어지면, 공정성은 무너져 버린다. 입사한 직원의 역량이 뛰어나다고 해도 주변의 협조가 없으면 역량을 발휘하기 어렵다. 지인과의 관계도 중요하지만, 더 중요한 것은 회사의 인재에 대한 철학과 원칙이다. 가치와 성과를 창출하는 사람이 채용되어 자신의 역할 그 이상을 하도록 해야 한다.

{ 5년간 근무하면 바보거든요 }

직급만 대리입니다

홍 대리는 A산업의 일꾼이다. 홍 대리가 안 하는 일이 없다. 인사 총무를 담당하고 있지만, PC가 고장 나면 홍 대리를 부른다. 옥상에서 물이 새도 홍 대리, 우편물, 공문서 처리부터 창고관리까지 전부 홍 대리를 찾는다. 성격이 좋은 홍 대리는 항상 밝은 표정으로 궂은일들을 한다. 회사 내에서 홍 대리를 싫어하는 사람은 없다. 문제는 홍 대리가 워낙 열심히 일을 하니까 홍 대리 밑에 후배가 없다. 다른 팀은 일이 늘면 인원을 보충해 달라고 난리다. 하지만, 경영관리팀은 홍 대리가 채용을 담당하기도 하지만, 홍 대리가 열심히 하는 만큼 인원을 충원하지 않았다. 인사총무 업무뿐 아니라 회사의 자잘한 업무 처리를 하니 업무의 깊이가 더해질 수가 없었다. 대부분 작년에 했던 업무 수준이었다. 경영관리팀장은 금번 재무를 홍 대리에게 맡기고, 인사총무 업무는 경력직원을 뽑았다. 홍 대리는 재무 업무를 인수받으며 인사총무 업무를 인계하는데 가르쳐 줄 것이 많지 않았다. 재무 업무는 해본 적이 없어 어렵기만 했다. 5년간 회사에서 근무했지만, 이것이 나의 전문성이라고 내세울 만한 것이 없었다. 회사 이곳저곳에서 문제가 있다고 홍 대리를 찾는다. 홍 대리는 이런 일을 하다 보니 5년이 지난 지금 대리이지만, 자신만의 전문 분야가 없음을 느끼게 되었다.

자신만의 실력이 없으면 언젠가 냉정한 평가를 받게 된다

과장을 지나 차·부장이 될 때에는 사람이 좋고 여러 업무를 수행했다는 것이 장점이 되지 않는다. 한두 직무에는 전문성을 바탕으로 성과가 있어야 한다. 사람만 좋아서는 승진이 되지 않는다. 사실, 한 직무의 전문성을 갖기 위해서는 이 직무 저 직무 옮겨서는 곤란하다. 아는 것과 가르치며 문제를 파악하고 개선할 수 있는 것은 차원이 다르다. 대부분 1~2년 한 직무를 수행하고 다른 직무로 옮기게 되면 그 직무에 대해 알고는 있지만, 가르치고 문제원인을 파악하고 해결할 수는 없다. 차·부장이 되면 일의 프로세스뿐 아니라 본질을 파악하여 개선하고 변혁을 창출해야 한다. 방향을 정하고 진단과 개선점을 제시해야 한다. 하지만, 여러 직무를 수행하면 이러한 깊이를 갖기 어렵다. 차·부장은 자신의 일에 대해서는 전문성을 보유하고 있고, 조직관리를 할 수 있는 역량을 배울 시기이다. 이러한 역량과 수준이 되지 않으면 상위 직책으로 올라가기 어렵다.

경영 TIP

직원에게 전문성을 갖게 해줄 경력관리체계를 만들어 주어야 한다

자신의 가치를 자신이 강화하는 것은 당연하다. 회사는 될 사람을 선정하여 집중 관리해 줘야 한다. 보통 레벨의 인력이라면 이곳저곳 직무순환을 시키기보다는 한 직무에서 전문성을 쌓게 하는 것이 보다 바람직하다. 팀장이 될 자격이 있는 직원을 지켜보며, 이들에 대해 1~2년 전략적 직무 경험을 하게 하는 것이 필요하다. 한 분야의 전문성을 쌓은 후, 타 직군의 중요 직무에 대해 익힐 수 있는 기회를 주고 본 업무의 팀장으로 업무를 추진하면 보다 종합적인 의사결정을 내릴 수 있다. 근무하면 할수록 배운다는 생각이 들도록 해야 한다. 머물수록 정체되거나 바보가 되어간다고 직원들이 말해서는 안 된다.

급여는 낮고 쓸데없는 일은 많아요

저도 알지만, 방법이 없어요

A산업의 홍길동 사원은 입사 2년 차이다. 100곳 이상 입사지원서를 내고 최종 합격한 회사가 A산업이다. 합격의 기쁨은 잠시, 급여 수준이 최저임금 정도였다. 입사 3개월은 수습기간이라 90% 수준이라고 하지만, 적어도 너무 적었다. 함께 공부한 친구는 은행에 취업했는데 초봉부터 2배 수준이다. 수습을 마치고 전액이 나오는데 큰 차이가 느껴지지 않는다. 통근하기 어려운 상황이라 회사 근처에 원룸을 얻었다. 월세와 생활비를 지불하면 남는 돈이 얼마 되지 않았다. 점심은 대부분 1/n이다. 1주일에 한 번은 팀장이나 본부장이 함께 식사하며 계산을 해주지만, 대부분 함께 간 직원들이 자신이 먹은 식사비를 계산한다. 팀의 선배인 김 주

주먹구구식의
인사제도

임도 상황은 크게 다르지 않다. 대기업에 비해 낮아도 너무 낮았다. 처음에는 내가 선택했으니 어쩔 수 없다는 생각을 했지만, 시간이 갈수록 이곳에 계속 머물면 안 된다는 생각이 들었다.

제가 담당하는 일이 너무 많아요

홍길동 사원이 담당하는 일은 4가지이다. 인사 교육, 구매, 총무, 홍보업무이다. 1년 내내 채용과 퇴직이 이어지고, 공문서 처리에도 시간이 부족할 수준이다. 각 부서의 구매 요청은 밤낮이 없다. 조금이라도 늦으면 홍길동 사원 때문에 일 못 한다고 해 팀장으로부터 질책을 받는다. 홍보업무는 손도 못 대고 있다. 회사가 창립기념행사를 했는데, 행사의 준비부터 마무리까지 전부 홍길동 사원이 담당한다. 팀장은 홍길동 사원이 창립기념행사를 지역 신문에 내지 못했다고 추궁한다. 준비하고 사회를 보며 전체 행사를 추진했지만, 남는 것은 인정과 칭찬이 아닌 질책이었다. 팀장은 사장에게 한마디 들었다며 비품 창고를 빨리 정리하라고 한다. 집에서 청소 한 번 하지 않았는데, 직장 다니면서 창고 정리에 사무실 청소를 하는 자신의 모습이 한심스럽다.

일의 의미를 부여하고 성과를 창출하도록 이끌고 있는가?

대기업과 비교하여 급여가 적다는 것을 모르는 직원은 없다. 자신이 대기업에 갈 실력이 안 되었고 이곳에 입사한 것이 최선이었음도 안다. 하지만, 비교할 수밖에 없는 자신이 밉다. 대기업 다니는 친구들의 업무를 들으면 자신이 하고 있는 직무의 반의 반도 되지 않는다. 대기업 다니는 친구는 한 직무를 담당하며 깊이가 있다. 이것저것 다 하지만 바쁘기만 한 자신과는 많은 비교가 된다. 힘이 빠질 수 있다.

일의 의미를 부여해야 한다. 먹고살기 위해 일하는 것이 아닌 일을 하는 사명과 역할을 알도록 해야 한다. 석공이야기가 있다. 먹고살기 위해 돌을 쪼는 것이 아닌 사는 집을 만드는 일을 한다는 사명의식이 있어야 한다. 자신이 하는 일을 단순히 습관적이고 마지못해 하지 않고 성과와 새로운 가치를 창출하도록 해야 한다. 지금은 비록 가치가 낮은 일이라 해도, 그 일을 통해 가치와 성과가 창출되면 회사가 더 성장하고 더 비중 있는 업무가 주어짐을 알도록 해야 한다. 낮은 급여와 많은 일에 대한 불만보다는 더 높은 보상과 복리 후생을 받기 위해, 전문성 있는 고부가가치 업무를 하겠다는 기대가 있어야 한다. 부서장은 이러한 의식을 갖도록 영향을 주는 사람이 되어야 한다.

{ 박 부장으로 시키라면 시켜 }

인사에 원칙이 없다

3월 승진, 승격을 앞두고 인사팀 홍 팀장은 승진 승격 예정자 명단을 작성했다. 각 직급별 체류기간 조건을 만족한 직원 중 3개년 평가, 자격증 보유, 경험 직무를 중심으로 우선순위를 정했다. 홍 팀장은 회사가 고직급 현상이 뚜렷하기 때문에 상박하후의 승진율을 적용했다. 차장에서 부장으로 승진하는 비율은 20% 이하로 했으며, 사원에서 주임, 주임에서 대리는 특별한 하자가 없으면 승진하는 방안을 준비했다. 설명을 듣던 사장은 차장 이상은 과제를 부여하여 발표하도록 하고, 임원들이 심사하라고 한다. 한 달도 안 남은 상황에서 갑작스럽게 과제를 부여하는 등 승진 승격 기준을 바꾸는 것은 불만 요인이 된다고 해도 고직급 승격에만 적용하라고 한다. 홍 팀장은 임원들의 일정을 조정하여 차장 이상 승격자에 대한 과제 발표 및 면접을 실시하였다. 발표 후 당초 승격 가능자 중 1명만 순위가 바뀌었다. 홍 팀장은 사장에게 결과를 보고하였다. 사장은 대상자 중 하위 그룹에 있는 박 차장을 부장으로 승격시키라고 한다. 박 차장은 근속은 충족하지만, 고과가 평균 수준이며 자격증은 한 개도 보유하지 않아 승격이 될 수 없는 상황이었다. 홍 팀장은 박 차장을 승격시키면 그 위의 점수에 있는 차장 2명도 승격시켜야 한다고 말했다. 사장은 박 차장과 점수가 가장 높은 B 차장만 승격 발표하라고 한다. 직원들의 동요가 예상된다고 하니, 직원들이 세부 점수를 어떻게 알겠느냐 하며 시키면 시키는 대로 하라고 한다. 홍 팀장은 사장의 막무가내식 인사에 고개를 젓고 팀원들의 반발에 할 말을 잃었다.

그때그때마다 바뀌는 결정

대기업에서 인사를 담당한 김 과장이 A산업에 입사한 것은 3년 전이다. 사장이 취업규칙, 채용과 평가, 연봉 계약과 4대 보험 등의 업무 추진을 위해 대기업 출신인 김 과장을 스카우트했다. 김 과장이 입사해 가장 먼저 추진한 것은 인사 영역별 기준 제정이었다. 취업규칙과 인사규정에 채용부터 퇴직까지의 제반 제도와 양식을 현업에서 알기 쉽도록 업무 프로세스를 자세히 작성해 공유했다. 사장은 인사제도의 틀을 구축했다며 김 과장을 칭찬했다. 김 과장은 구축된 인사제도를 중심으로 팀 단위 설명회를 실시했다. 직접 방문하여 제반 제도를 소개하고 궁금한 점에 대한 자세한 설명을 했다. 질의응답 및 건의를 받아 반영하였다. 현업에서는 회사가 보다 투명하고 공정한 인사제도를 펼칠 것이라는 기대를 갖게 되었다.

한 달이 되지 않아 김 과장이 개정된 승진 기준에 의해 직급별 승진 예정자를 선정하고, 승진율을 감안하여 본부장에게 추천을 하도록 하는 승진안을 사장에게 가져갔다. 사장은 내용을 보면서 왜 김 차장이 대상자에 없냐며 포함시키라고 한다. 그리고 박 과장은 승진대상자에서 제외시키라고 한다. 인간성이 안 되어 있다며 도대체 어떤 기준으로 선정했는가 묻는다. 본부장 추천을 받고 그 결과를 보고하라고 한다. 기준을 정했으나, 결국은 사람 중심으로 가겠다는 생각이다. 평가제도 개선안에 따라 한 번도 추진조차 못 했는데, 현업에서 면담 때문에 일을 못 하겠다고 아우성이다. 사장은 현장 상황에 맞도록 쉽게 평가하도록 바꾸라고 한다. 기존의 평가가 면담은 한 번도 하지 않고 부서장이 독단적으로 진행했던지라 갑자기 면담과 피드백을 의무화한 것이 화근이었다. 평가에 의한 보상도 지켜지지 않았다. 영업만 중시하는 경향이 있는 사장은 영업부서가 고생이 많다며 특별 인센티브를 지급하여 타 부서의 불만이 가득하다. 직원들은 이럴 것이면 왜 제도 개선을 하고 설명회까지 했느냐 불만을 토로한다.

경영 TIP

인사의 투명성과 공정성이 없으면 회사는 지속하기 어렵다

직원이 적을 때에는 사장이 직접 보고 판단하여 결정할 수가 있다. 그러나, 조직과 직원이 많아지면, 일정한 제도적 기준에 의해 투명하고 공정하게 운영되어야 한다. 원칙이 없거나, 있어도 그때그때 상황에 따라 변한다면 직원들은 실망하고 불만을 가질 수밖에 없다. 원칙과 기준이 정해지면 따라야 한다. CEO와 경영층이 솔선수범을 하여 모범을 보여야 한다.

{ 하루아침에 퇴직하라고 하면 어떻게 합니까? }

아니다 싶은 직원은 꼴을 못 본다

A 사장의 변덕은 죽 끓듯 하다. 하루에도 여러 번 의사결정을 번복한다. 이제는 아침에 지시한 것을 점심 후에 시작한다. 어떤 때는 왜 빨리 안 했냐 질책한다. 하고 있다고 하고 그때 시작한다. 담당자 입장에서는 일의 방향과 프레임을 잡고 일을 해야 하는데, 중간이나 최종 보고 시, 내용이 다르면 수정이 가능하지만 방향이나 프레임이 다르면 처음부터 다시 시작해야 한다. 한 번 있어도 화가 나는데 이런 일이 비일비재하니 여간 곤욕스러운 것이 아니다. 몇 번 사장에게 이렇게 결정을 바꾸면 매우 힘들다고 말했다. 그때마다 알았다고 하고는 또 지시 사항을 바꾼다. 여러 번 이야기해도 바뀌지 않기에 포기했다.

어느 날, A 사장이 부른다. 다이어리를 갖고 사장실에 들어갔다. 사장은 앉으라 하더니 힘드냐고 한다. 다른 힘든 점은 없고, 사장님이 지시사항을 자주 바꿔 그때마다 힘들다고 솔직하게 이야기했다. A 사장은 낮은 성과에 대해 이야기를 하다가 "자네하고 나와는 맞지 않는 듯하다. 다른 직장을 알아보는 것이 어떠냐?"고 묻는다. 솔직하게 이야기한 것뿐인데, 갑자기 맞지 않는다고 퇴직하라는 말이 황당하고 화가 났다.

경영 TIP

직원들은 경영자의 언행을 본받고 행한다

경영자가 좋아하는 직원은 자신의 일에 주도적으로 개선 및 혁신 방안을 제안하고 악착같이 실행해 성과를 창출하는 사람일 것이다. 실상 이러한 직원은 그리 많지 않다. 대부분 직원은 상사의 언행을 보고 영향을 받는다. 상사가 의사결정을 하지 못하면 직원들도 의사결정을 하는 데 주저한다. 상사가 결정을 자주 번복하면 직원들도 자신이 한 일에 대한 자부심이 없다. 상사가 고치라고 하면 "예, 알았습니다." 하며 지적한 부분을 수정한다. 왜 자신이 그렇게 작성했는지 의견을 말하지 않는다. 상사가 회사 돈을 자기 돈처럼 마음대로 쓰면 직원들도 회사 물건을 아끼지 않고 낭비하거나 심지어 가져가기도 한다. 안 볼 것이라 생각하면 오산이다.

직원들은 상사가 하는 언행을 지켜보며 자신들도 따라 한다. 처음에는 양심에 가책을 느끼지만, 상사도 저렇게 하는데 내가 하는 것이 뭐 문제가 되냐는 식이다. 상사는 후배들의 모범이 되어야 한다. 특히, CEO는 자신의 언행이 회사에 미치는 영향과 파급효과를 인식하고 철저한 자기관리를 해야 한다. 항상 모범이 되도록 유념하고 이러한 자기관리가 일관성을 갖고 지속되어야 한다. 1960년에서 1980년대에는 상사가 직원에게 극단적 언행을 하는 경우가 있었다. 당시에는 평생직장과 가정적 분위기가 강한 개념이었다. 상사가 혼내는 것을 마치 집에서 형이나 부모님이 혼내는 것으로 생각할 정도로 조금은 당연하다고 생각했다. 상사가 정보, 지식, 관계 모든 면에서 우위였고, 자신이 미워서 한 것이 아니라 자신을 위해 하는 말이라고 생각했다. 시대가 바뀌었다. 지식 전문가로 부하가 아닌 파트너의 개념을 가져야 한다. 정보처리능력과 일하는 방식에 있어 신규직원들이 더 효율적이고 신속하다. 평생직장의 개념보다는 자신의 일과 삶을 즐기며 자신의 주장을 한다. 한 명의 동등한 인격자로 대우받는 것을 당연하게 생각한다. 아닌 경우, 직장 내 괴롭힘 방지법 등 법과 SNS를 통한 고발과 탄원 등의 제도적 장치를 활용한다. 이들에게도 열정이 있다. 단, 방향과 전략이 옳고, 공정하고 인정받는다고 느끼면 이들은 하지 말라고 해도 밤을 새며 성과를 창출한다. 직원을 용암처럼 끓게 하거나, 얼음처럼 차게 하는 것은 경영진, 나아가 상사들의 역할이며 몫이다.

우리에게
업무 규정이 있기나 해

왜 사람마다 하는 방식이 다 다르나요?

수도권 대학을 졸업한 홍길동 사원이 입사했다. 회사 창립 후, 수도권 대학 출신이 입사한 것은 처음이라 관심이 많다. 사장은 경영관리팀에 홍길동 사원에게 회사 오리엔테이션을 1주일 동안 시키라고 지시했다. 김 팀장은 한 번도 해보지 않았지만, 다른 기업의 자료를 제공받아 1주일의 프로그램을 작성했다. 회사의 연혁과 제품, 취업규칙, 현장 견학 및 각 팀 소개, 임원과 팀장과의 석식이 대부분이었다. 사장은 오리엔테이션을 마치고 생산현장에서 한 달 동안 직접 생산을 한 다음 부서배치를 하라고 했다. 홍길동 사원은 생산팀에서 한 달 동안 부품의 투입부터 각 공정의 제품이 만들어져 가는 프로세스를 2시간씩 옮겨가며 배웠다. 한 명이 전

담해서 가르쳐 주지는 못하고, 각 공정별로 담당자가 설명하며 작업을 하였다. 매일 담당자가 바뀌었는데, 어제 설명과 오늘 설명이 조금씩 달랐다. 온도를 재는 데 있어 정확하게 몇 도를 맞춰야 한다가 아니라 이 정도면 된다고 한다. 컨베이어를 따라 제품이 흐르는데, 첫 부품을 놓는 방법이 담당자마다 달랐다. 제품이 만들어져 가는 중에도 같은 공정이지만, 하는 방법이 차이가 있었다. 공정마다 완벽하게 만들면 되는데, 마지막 전수조사를 하는 것도 비효율이라 생각했다. 홍길동 사원은 그때마다 담당자에게 질문했으나, 사람마다 차이가 있기 때문에 각자가 편한 방식으로 일한다고 한다. 한 달이 지나 이러한 사항들을 정리하여 현장 실습 보고서를 작성했다. 사장은 디테일한 부분을 봤다고 칭찬하며 생산팀장을 불러 각 공정마다 표준 업무 매뉴얼을 작성하고, 이를 기반으로 교육하여 누구나 같은 방식으로 일하도록 지시하였다.

업무 매뉴얼과 규정이 없거나, 있어도 지켜지지 않는다

컨설팅한 회사들 모두 업무 매뉴얼의 필요성을 인지하고 있다. 표준 매뉴얼이 있으면 처음 업무를 담당하는 직원이 업무 전반을 이해하고 조기에 습득과 작업할 수 있고, 동일한 일 처리를 함에 있어 보다 효율적이기 때문이다. A산업은 업무 매뉴얼 경진대회를 통해 팀의 업무를 담당자별로 전부 매뉴얼로 작성하도록 했다. 작성한 매뉴얼을 전부 회의장에 진열하고, 팀장급 이상과 직무 전문가가 매뉴얼을 보며 심사하여 시상을 하도록 했다. 첫해, CEO의 적극적 관심과 독려로 표준 매뉴얼 작성법에 따라 전 부서 전 직원이 한 개 이상의 매뉴얼을 만들어 제출했다. 경진대회를 통해 심사하고 시상을 했으나, 이것으로 끝이었다. 1회성 행사가 되어버린 것이다. 작성된 업무 매뉴얼에 대한 전문가들의 리뷰가 없었다. 반기 또는 매년 매뉴얼을 Update 해야 하지만 실시하지 않았다. 이후로는 경진대회도 하지 않았고 무엇보다 CEO가 매뉴얼에 대한 언급이 없었다. 만든 매뉴얼은 팀의 문서함에 저장되었다. 직원들은 '했다주의'의 대표적 사례가 매뉴얼이라고 말한다.

경영 TIP

만드는 것도 중요하지만, 지속적 실행이 더 중요하다

규정이나 제도를 만드는 것은 필요하고 중요하다. 누가 그 일을 해도 같은 결과가 나와야 한다. 사람에 따라 다르다면 예측도 신뢰도 할 수 없게 된다. 규정이나 제도를 만들어 한 방향 한 수준으로 이끄는 것은 매우 중요하다. 이 못지않게 중요한 점은 실행이다. 어렵게 만든 규정이나 제도가 지켜지지 않으면, 직원들은 '이 또한 지나간다'는 생각을 갖고 하려고 하지 않는다. 한다고 해도 시늉만 할 뿐이다. 규정이나 제도가 실행되기 위해서는 지속적 점검과 피드백, CEO와 경영층의 관심과 참여는 기본 중의 기본이다. 매달 실행 여부를 점검하고 피드백하여 보고가 이루어지고 새로운 지시가 내려간다면, 그 일은 추진될 수밖에 없다. 물론 한두 달은 이렇게 하다 말겠지 생각한다. 하지만, 지속하면 대부분 포기하고 따르게 되어 있다. 중요한 일일수록 꾸준하게 지속하는 것이 필요하다.

{ 육성시키면
다른 회사로 간다 }

직원 육성체계가 왜 없나요?

A산업을 경영 자문하며 인재육성체계와 지원제도를 요청했다. 담당하는 경영관리팀은 그런 것은 없다고 한다. 인사총무담당자가 안전 등 필수교육은 담당하고 있었다. 하지만, 직원을 위한 직무교육은 물론 입문교육 등 리더십 교육도 없는 상황이었다. 어학, 외부 위탁교육은 대상자가 신청하면 경영관리팀에서 취합하여 CEO가 직접 승인해 주는 상황이었다.

사장과 가볍게 티타임을 가지면서 "왜 A산업은 인재육성체계가 없냐?"고 물었다. 사장은 회사를 창업하고 지금 현 모습으로 성장하는 동안에 인재의 소중함을 많이 느꼈다고 한다. 처음 함께 시작한 직원들은 전문대졸과 고졸로서 주로

주먹구구식의
인사제도

생산과 영업을 담당했다. 대기업 연구원으로 있던 사장이 자신이 개발한 프로젝트를 그대로 갖고 와 생산을 하게 되었다고 한다. 초기 제품이 만들어지고 영업을 할 때, 여건도 열악했고 지방에 위치한 관계로 좋은 인력을 채용할 수 없었다. 대기업에서 생산된 전량을 구매하면서 회사는 성장을 거듭하고, 경쟁사가 있었으나 A산업에 비해 매출이나 규모가 미미한 수준이었다. 사장은 이미 임원이 된 창업 당시의 인력은 차치하고, 회사 성장에 따라 입사한 대졸 사원들을 대상으로 외부 직무 교육, 자격증 취득 지원, 지역 내 대학 중심의 석사과정 지원을 했다. 3명의 핵심인재를 선발하여 1년의 기간을 두고 자격증 취득, 어학, 석사과정을 지원했다. 현재 이들 중 회사에 근무하는 직원은 한 명도 없다. 1년의 기간 동안 자격증을 취득하고 모두 회사를 떠났다고 한다. 몸값이 올라가 수도권 직장을 찾아 떠났다. 이들 중 한 명은 경쟁회사로 옮겼는데, 당시에 이들을 못 가게 하는 방법은 없었다. 사장은 이후 직원육성에 대한 생각을 포기했다고 한다. 내부에서 할 수 없는 필요한 직무가 있으면 정부 지원의 컨설팅을 받거나, 경력사원을 채용했다. 직원 육성에 재원을 투자하기보다 경력사원을 채용하는 것이 더 효과적이라고 강조한다.

그래도, 인재육성은 실시해야 한다

광주에 있는 H에너지는 인재육성의 산실로 유명하다. 직원 대상의 직무교육, 입문교육부터 계층별 리더육성교육, 의사결정과 협업과 같은 공통역량에 대한 교육체계가 잘 정비되어 있다. 교육 정족수가 되지 않는 경우, 인근 교육기관과 수도권 교육기관에 적극적으로 교육을 보낸다. 매년 직원과 부서장이 역량육성 계획을 수립하고, 월별 면담을 통해 추진 여부를 이야기하고 피드백을 한다. CEO도 육성의 중요성을 인식하고, 매월 월례 모임에 직접 강의도 하고, 제안이나 업무 개선이 뛰어난 직원을 표창한다. H에너지가 지속 성장하며, 지역에서 입사하고 싶은 회사로 인지도가 높은 이유이다.

CEO가 인재육성보다 경력사원 채용에 주력하면, 초기에는 보다 높은 실적을 얻을 수 있다. 하지만, 근무할수록 정체되어 간다는 인식이 팽배하고, 자신의 지식과 경험을 공유하려 하지 않는 문화가 형성된다. 주변 동료나 선배로부터 배우지 못하고 개인뿐 아니라 집단 학습도 어렵게 된다. 이러한 현상은 주변에 알려지게 되어 회사 이미지 추락과 더불어 갈수록 우수한 인재가 입사하지 않게 된다. 한두 명이 회사를 떠났다고 육성을 포기하면 곤란하다. 남아 있는 직원이 우수해야 퇴직도 적고, 뛰어난 직원이 입사하며, 결국 회사의 성과도 높고 분위기도 좋아진다.

{ 부서장의 역할이 무엇인지 모르겠다 }

고민은 했지만, 특별히 배운 적은 없습니다

A산업의 팀장은 1년 차부터 15년 차까지 다양하다. 전 팀장을 대상으로 '팀장의 역할과 조직/성과 관리'라는 주제로 강의를 진행하였다. 강의 의뢰를 받을 당시에는 팀장의 역할은 교육을 해서 알고 있다고 해, 10여 분 정도 점검하는 수준으로 생각했다. 15명의 대상자에게 A4지를 나눠주고 팀장의 역할에 대해 작성을 요청했다. 1분이 되기 전에 어수선하다. A4 1장에는 한두 가지 팀장의 역할이 적혀 있었다. 조직장으로서 조직관리, 성과창출, 방향과 목표를 설정하는 것 등 다양했다. 15명의 답변이 다 달랐다. 회사에서 왜 팀장으로 선임했고, 팀장은 어떤 역할을 해야 하며, 팀장에게 원하는 것이 구체적으로 무엇이라는 면담이나 교육을 하지 않았

음을 알 수 있었다. 대상자들이 작성한 역할을 정리해 팀장의 역할을 5가지 정도 정해보라고 했다.

팀장은 사업과 연계하여 조직의 방향, 목표, 중점과제를 정하고, 타인에게 영향을 주어 함께 악착같은 실행으로 성과를 창출하는 사람이다. 팀장의 역할을 스스로 인지하여 실행해 갈 수도 있지만, 회사가 팀장의 역할과 책임을 명확하게 제시하는 것도 한 방안이다. 많은 회사들은 누구를 팀장으로 선임하는가에 고민과 많은 노력을 한다. 하지만, 팀장으로 선임한 후에는 그에게 모든 짐을 맡긴다. 팀장들은 자신이 팀원일 때 상사인 팀장이 했던 것들을 생각하며 따라 한다. 간혹, 임원이나 다른 팀장들에게 질문을 하지만, 그들도 명확하게 알려주지 못한다. 혼자 고민하고 좌충우돌하다 우여곡절 끝에 지금 이 자리에 와있다고 한다. 모두가 특별히 조언을 받거나 배운 적이 없다고 한다. 지금이라도 팀장의 역할이 무엇이며, 어떤 일을 해야 하는가 조언을 해주면 고맙겠다고 한다.

임원은 어떨까? A산업 임원들은 개인 달성목표가 있다. 영업담당 임원인 A 상무는 부장보다 1.5배의 매출 목표가 있다. 상무가 목표를 달성하지 못하면서 직원들에게 목표 달성을 하라고 종용할 수가 없다. 목표도 종일 영업만 하는 부장에 비해 많다. 조직관리와 각종 회의, 거래처 미팅, 신규 거래선 확보, 사업 계획 및 실적 점검 등 사무실에 있으면 정신이 없다. 이 와중에 목표를 달성하기 위해 거래처를 찾아다녀야 한다. 1주일 중 직원들 전부를 본 적이 없다. 월요일 9시에 전체 미팅을 하자고 했지만, 본인이 시간이 되지 않아 제대로 진행된 적이 없다. A 상무는 자신이 본부장인지 실무자인지 구분이 가지 않는다. 지금까지 최악의 지역에서 선방해 준 B 과장이 퇴직하겠다고 한다. 머릿속에는 B 과장이 퇴직하면 메울 사람이 없고, 매출 달성에 차질이 생긴다는 생각밖에 없다. 전화벨이 울린다. 이번 매출과 이익 실적이 부진하니 확대 방안을 내일 아침 회의 시 발표하라고 한다.

경영 TIP

먼저 역할을 분명히 하고 일을 추진해야 한다

길을 모르는데, 지도도 없이 걷는 사람을 현명하다고 할 수 없을 것이다. 기업은 지속 성장을 위해 목표를 정하고 성과를 창출해야만 한다. 속도보다 더 중요한 것은 방향성이다. 신속하고 빠르게 달렸지만, 목표가 뒤에 있다면 앞으로 달린 방향이 잘못된 것이다. 방향은 옳았으나, 약간의 판단이 잘못되어 30도 정도 틀어져 달려도 목표와는 요원하다. 부서장은 먼저 자신의 역할을 명확히 알아야 한다. 일반적으로 부서장의 역할은 5가지를 강조하고 있다.

첫째, 사업과 연계하여 조직의 바람직한 모습, 목표, 전략, 중점과제를 만들고 내재화하고 실천하게 한다.

둘째, 사심을 버리고 전사적 관점에서 올바른 의사결정을 신속하게 한다.

셋째, 정도경영, 솔선수범, 악착같은 실행으로 성과를 창출한다.

넷째, 조직과 구성원의 역량을 강화한다.

다섯째, 회사, 직무, 함께하는 사람의 로열티를 강화하며 회사의 이미지를 제고한다.

성과관리? 목표가 없어요

떨어지는 과제 수행하기도 바빠요

경영관리팀 B 과장은 매일매일이 전쟁터이다. 출근과 동시에 울리는 전화. 전화 한 통화가 곧 일이다. 온갖 요청에 대한 대응을 하면 정작 해야 할 자신의 일은 밀려 있다. 급한 일을 처리할 때는 회의실에서 노트북을 갖고 작업을 한다. 인사와 회계를 담당하는 B 과장은 작년부터 직원 충원을 요청했지만, 그때마다 조금만 더 기다리라는 말만 들었다.

B 과장이 근무하는 A산업은 개인목표설정이 없다. 팀 단위의 사업계획에 팀의 목표만 주어질 뿐이다. 팀장이 업무를 지시하고 팀원들은 수행만 하면 된다. 직무 범위가 넓기 때문에 목표를 세우고 점검할 수도 없다. 매일 현업의 요청이 쇄도하고, 경영층의 지시사항을 처리하기도 여력이 없다. 주

단위의 주간업무 계획과 실적을 작성하여 제출하는 것이 과정관리의 전부이다.

목표와 KPI 설정이 어려워요

A산업으로부터 목표와 핵심측정지표 설정을 도와 달라는 요청을 받았다. 통상 영업과 생산은 목표와 측정지표가 명확하다. 영업은 매년 매출과 영업이익, 시장 점유율, 신규 거래선 확보를 목표로 하여 측정 지표는 차이가 있지만, 평균 5~10% 증가로 가져갔다. 생산은 생산량, 생산원가, 품질과 납기, 자동화율을 목표로 하였고 측정지표도 명확했다. 매년 같은 목표에 같은 지표를 사용하니 긴장감이 떨어지고 목표에 대해 의미를 두지 않는 듯하다고 CEO인 A 사장은 생각했다. 더 큰 문제는 간접부서이다. 목표가 구체적이지 않고 측정 지표는 대부분 납기준수이다. 목표도 사업 성과와 연계가 적은데, 측정 지표마저 납기 준수라는 일반적인 내용으로 되어 있어 간접부서가 도움이 되지 않는다는 생각이 들었다. A 사장은 간접조직과 인력을 최대한 줄이는 편이 옳다는 생각을 갖고 있었다.

A산업의 목표와 KPI 설정을 위해 본부별 워크숍을 가졌다. 영업본부는 매출과 영업이익, 시장 점유율, 신규 거래

선 확보를 목표로 하되 팀별 가중치를 달리 가져가는 것으로 정했다. 영업팀은 매출과 영업이익, 영업관리팀은 신규 거래선 확보와 시장 점유율 확대 방안의 비중을 높게 가져갔다. 기존 동일한 방식에서 목표 비중의 차별과 이에 따른 KPI를 구체화하도록 했다. 간접부서는 사업전략을 설명하고 사업 전략과 연계된 중요과제를 선정하게 하였다. 이 과제가 목표가 되고, 어떻게 달성할 것인가 방안을 토론하게 하였다. 이 방안에 대해 주 담당자를 정하고 매주 실적과 계획을 주 담당자와 부서장이 모인 상태에서 점검하고, 월별 결과물을 구체화했다. 목표와 KPI를 중점과제와 추진 프로세스로 바꾼 것이다.

경영 TIP

목표와 결과물, 점검과 피드백이 습관화되어야 한다

많은 기업들이 1년 단위의 목표와 성과관리를 실시한다. 성과관리와 평가자 교육 강의를 하면서 부서장을 대상으로 4개의 질문을 한다. 1) 회사의 목표를 알고 있는가? 2) 상사의 목표와 가중치를 알고 있는가? 3) 식원의 목표와 달성 정도를 알고 있는가? 4) 자신의 목표, 가중치, 달성률을 알고 있는가? 독자들은 4)번의 질문에 대답할 수 있는가? 매주 업무 실적과 계획을 작성하지만, 자신의 목표가 무엇이며, 무엇이 중요한 과제이고, 어느 정도 달성되고 있는지 모른다면, 매주 열심히 일했지만 이번 주 내가 무엇을 했는지 모르는 결과를 초래한다. 연말 직원들과 평가면담을 하면, 열심히 했다고 한다. 열심히 한 것도 중요하지만, 해야 할 일을 제대로 해 성과를 냈느냐가 더 중요하다. 열심히는 했지만, 조직과 본인에게 도움 되지 않는 일에 열심히 했다면, 좋은 평가를 받기는 어렵다. 회사가 추구하는 목표, 조직이 해야 할 일, 본인이 내야 할 결과물이 일치되어야 하고 제대로 알고 가장 효율적인 방법으로 실행해야 한다. 하나 더 중요한 것이 있다. 성과관리는 본인이 책임을 지고 이끌어 가야 하지만, 혼자 일하는 것에는 한계가 있다. 누군가 관심을 갖고 지켜보며, 점검과 피드백을 해 준다면 실행력은 높아질 수밖에 없다. 한두 번 하다가 그만둘 것이라는 생각이 들게 하는 것이 아닌 지속적이고 일괄되게 추진한다면, 직원들은 기왕 하는 것 더 잘하겠다는 생각을 갖는다. 정기적, 비정기적으로 피드백하고, 수행한 결과에 대해 인정을 해줘야 한다. 일을 하면 결과가 창출될 수 있도록 지도하고 이러한 점검과 피드백이 습관화되면 조직과 구성원은 성장할 수밖에 없다.

좋은 것이
좋은 거야

왜 바꿔? 피곤하잖아?

중소기업의 특성상, 인원은 적고 할 일은 많다. 매일 바쁘다는 말이 입에 달릴 정도로 바쁘다. 팀장이라면 타 부서의 업무 협조 요청이 그리 반갑지 않다. 오죽하면 업무 협조를 요청하겠는가 싶지만, 막상 팀원들을 보면 정신이 없다. 협조 내용을 보고 어려운 일이면 팀 내 고참 중 일 잘하는 팀원에게, 단순하며 시간이 걸리거나 힘든 일이라면 막내 팀원에게 지시한다. 팀원들이 심하게 바쁠 때는 팀장이 직접 하는 경우도 많다.

경영관리팀에서 평가제도를 개선하기 위해 평가자 의견 청취가 있다며 오라고 한다. 누구 대신할 사람도 없고, 팀의 업무도 바쁜데 경영관리팀에 참석하지 않아 말 듣는 것보다

시간을 내 참석하기로 했다. 작년에 상대평가에서 절대평가로 바꿨는데, 금번 주제는 다시 상대평가로 바꾼다는 내용이었다. 평가하는 부서장 입장에서는 상대평가보다 절대평가가 마음이 편하다. 통상 S 10%, A 20%, B 60%, C 10%로 평가 등급을 확정하는데, 절대평가로 하면 A이상이 40%이고 C등급은 없다. 회사 입장에서는 피평가자의 고과를 보니 S 23%, A 58%, C등급은 없으니 인재유형별 관리가 불가능하다. 보상은 물론 당장 2월 말 승진대상자 심사가 어렵다. 같은 점수의 직원들이 한두 명이 아니다. 지금까지 체류연수와 고과만 가지고 결정했는데, 고과마저 믿을 수단이 안 된다. '성과 있는 곳에 보상이 뒤따른다'는 말이 있다. 성과와 역량으로 평가가 이루어져야 하는데 상사와의 친분이나 관계로 평가가 이루어져서는 안 된다.

현업 팀장들은 왜 바꾸냐 야단이다. 현업은 정신없이 일에 파묻혀 있는데 경영관리팀은 한가하게 이랬다저랬다 한다며 비난이 거세다. 상대평가를 하면 C등급을 줘야 하기 때문에 피곤하다고 한다. 현업의 입장은 고려하지 않고 경영관리팀 주장만 하지 말라고 한다.

사실, 경영관리팀도 평가제도를 바꿀 생각이 없다. 현업의 불만도 있지만, 상대평가 결과를 발표하면 직원들의 불만이 많다. 평가는 현업에서 했는데, 불만은 전부 경영관리팀에

몰린다. 사실, 평가 결과가 좋다고 특별한 혜택이 있는 것도 아니다. 회사 이익이 얼마 되지 않아 차별적 보상을 할 수 있는 상황이 아니다. 승진도 때가 되면 되고, 승진 탈락이 되면 평가에 무관하게 다음 해에 되는 상황이다.

경영관리팀장은 현업의 불만, 제도의 일관성을 이유로 상대평가 개선을 포기한다.

경영 TIP

얻고자 하는 바와 성과 중심으로 제도가 설계, 운영되어야 한다

현업의 반대가 심하면 아무리 좋은 일이라 해도 추진하기가 불편하다. 하물며 자신이 추진하는 일의 바람직한 모습과 얻고자 하는 바를 정확히 알지 못한다면, 현업의 반대는 곧 하지 말라는 이야기와 같다. 일을 추진할 때, 원하는 바와 조감도가 분명해야 한다. 회사가 성과를 창출하고, 직원들이 성장하는 일이라면 어떠한 어려움도 극복해야 한다. 현업이 힘들다고 지향하는 모습과 성과가 분명한데 포기하면 일을 추진하는 담당자의 마음가짐과 자세가 아니다. 얻고자 하는 바와 성과 중심으로 제도를 설계하는 것 못지않게 중요한 점은 운영이다. 믿고 맡기는 것은 해낼 것이라는 믿음이 자리 잡았을 때이다. 그렇지 않으면 자율은 방종이 되고 만다. 부서와 직원의 성숙도가 높지 않으면 중간에 할수 있도록 이끌어야 한다. 중간 점검과 피드백이 없다면 지속적 운영이 되지 않는다. 성숙도에 따라 달라지지만, 통상 한 달에 한 번은 점검하고 피드백 하는 일이 지속되어야 한다. 현업 입장에서는 매우 불편할 것이다. 하지만, 전체로 보면 회사의 성장을 위한 일이다. 어느 한 부서가 자신의 일만 잘한다고 회사가 성장하는 것은 아니다. 생산부서가 영업이 안 되는데 팔리지 않는 제품을 끊임없이 만든다면 회사는 어떻게 되겠는가?

면담?
매일 내가 하고 있어요

한 번도 면담한 적이 없어요

외모와 학력이 출중한데 성과가 높지 않은 김 대리를 불러 회사 생활과 현재 하고 있는 직무에 대해 이야기를 들었다. 대기업 입사를 원했지만, 10여 곳 전부 면접에서 떨어져 현재 근무하고 있는 A산업에 입사하게 되었다. 현장 경험이 필요하다고 해서 1년간 생산현장 근무를 마쳤고, 경영관리팀에서 회계업무를 담당하고 있었다. 전공이 경영학이었고 내성적인 성격에 꼼꼼했기 때문에 회계업무에 잘 적응했으나 현업 부서장과 담당자와의 갈등에 힘들어했다. 긴급하다며 원칙을 무시하고 자금 결재를 요청하거나, 회수기간이 지났는데도 매출 금액을 받으려 하지 않는다. 재고 조사를 하면 장부의 수량과 실제 재고의 수량이 맞지 않는다. 문제는 현업부서에서 자신들은 모르는 일이라고 한다는 것이다. 매월 지급해야 할 자금을 놓고 현금 유동성을 확보하기 위해 일하느라 스트레스 강도가 높다. 경영자 중에는 처리해서는 안 되는 영수증을 가져와 조치해 달라고 한다. 지난달, 일시적 현금 부족으로 CEO에게 큰 질책을 받아 의욕도 많이 떨어져 있었다.

회계 담당은 김 대리 한 명이다. 회사에서도 자금관리를 하는 김 대리의 사기저하를 은근히 걱정하는 눈치다. 김 대리는 직무는 자신이 하고 싶은 일인데, 관계 때문에 힘들다고 한다. 부서장에게 이 사실을 말한 적이 있냐 물으니, 너무 바쁘고 지금까지 면담을 한 적이 한 번도 없다고 한다. 생산팀 근무를 마치고 한 부서 한 직무만 4년을 했는데, 부서장과 단 한 번도 면담을 하지 않았다는 말이 이해가 되지 않았다.

김 대리가 속한 경영관리팀장을 만났다. 김 대리와는 3년 간 한 부서에 근무했기 때문에 김 대리에 대해서는 누구보다 잘 알고 있다고 한다. 김 대리가 힘들어하는 이유를 알고 있냐 물으니, 담당하는 업무가 많고 평가가 좋지 않아 힘들어한다고 한다. 김 대리와 면담을 한 적이 있냐고 하니, 거의 매일 대화를 하고 업무에 대해 코칭해 준다고 한다. 매일 김 대리가 전표와 일일재무 보고를 하니까 대화를 할 수밖에

없고, 잘못된 일을 지적하고 지도한 것을 면담이라고 생각
한다.

**면담은 주어진 목표, 기대하는 역량에 대해 관심을 갖고
1:1로 진정한 피드백을 해주는 것이다**

굳이 별도의 회의실이나 공간에서 둘이 마주보며 실적과 계획에 대해
이야기를 나누는 것이 면담의 진정한 목적이 아니다. 면담은 진정성을
갖고 관심과 성장하게 하겠다는 마음으로 성과와 역량을 키워주고, 애
로사항에 대해 들어주고 동기부여 해주는 지도와 학습방법이다. 정기
적으로 할 필요도 있고 비정기적으로 할 경우도 있다. 부서장이 요청해
서 할 수도 있지만, 구성원이 신청해 면담을 하는 경우도 있다. 어느 경
우라도 면담이 끝난 후 상호 신뢰가 쌓이도록 해야 한다. 정기적 면담의
경우, 주기, 내용, 방법, 준비물과 시간을 사전에 공지하면 보다 효과적
이다. 예를 들어, 주간 업무와 역량 실적과 계획을 갖고, 먼저 피면담자
가 5분 이상 이야기하고, 업무와 역량 이외의 말은 하지 않고, 20분 이
내 끝낸다는 원칙을 세운다면 구성원들은 주간 업무와 역량 실적과 계
획에만 집중할 수 있다. 5분 이상 이야기를 준비하지만, 20분 이내 끝
난다는 안도감을 갖고 임하게 된다.

이 일 저 일
다 해봤어요

우리가 원하는 사람은 다기능 보유자이다

중소기업은 사람이 적을 뿐이지 해야 할 일들은 대기업과 유사하다. 다만, 그 깊이는 사업과 직무, 인원과 역량에 따라 천차만별이다. 결국 선택과 집중을 할 수밖에 없다. 하지만, 영업이나 생산에 비해 경영관리직군은 일은 많은데 인원은 타 직군에 비해 더 적다. 당장 회사 매출과 이익에 도움이 되지 않는 비사업조직이기 때문에 CEO는 인원을 최소화하는 경향이 크다. 인원은 적고 할 일은 많아 한 사람이 여러 직무를 수행한다. 한 직무에 3년 이상 장기간 근무하게 하지 않는다. 오래 근무하면 매너리즘에 빠지는 것도 있지만, 퇴직을 하면 그 일을 수행하기 어렵기 때문인 이유도 있다. 한 사람이 두루두루 여러 일들을 경험할 수 있게 한다.

주먹구구식의
인사제도

입사 12년 차인 김 과장은 처음 인사/총무/전산업무부터 시작하여 관리/홍보/회계업무, 영업마케팅/영업관리업무, 다시 전략/관리/회계/구매업무를 담당하고 있다. 회사의 사업계획 취합, 월별 실적 및 계획, 회계/세무/현금관리, 거래선 관리 및 구매 등의 업무를 하면 일주일이 어떻게 지나는지 모른다. 회계와 구매 업무는 내부 부서와의 소통과 협업이 무엇보다 중요하다. 김 과장이 버틸 수 있는 이유 중 하나는 성실하고 밝은 성격도 큰 몫을 한다. 내부 요청과 매일 해야 할 일이 많기 때문에 김 과장은 특별한 일이 아니면 휴가는커녕 외부 출장도 쉽게 결정할 수 없다. 이전에 전산업무를 했다고 사무실에서 PC가 고장이 나면 김 과장을 찾는 직원도 있다.

회사는 승진 조건에 있어 직무 경험을 가점으로 하고 있다. 여러 직무를 수행한 사람이 더 높은 점수를 받는다. 김 과장은 영업이나 생산에 비해 더 많은 직무를 수행했고, 업무의 특성상 자주 경영진과 CEO를 만나 업무를 지시받고 보고하여 무난히 처리했기에 승진 0순위였다. 김 과장은 이미 전문가의 길은 포기했다. 한 직무를 꾸준하게 한 적이 없었고, 입사해 달라진 것은 직무 경험밖에 없다. 대기업에 다니는 대학 친구들은 석사, 박사를 마쳤고 책을 출판했으며 무슨 자격증을 땄고 어디에서 발표를 했다며 자랑을 한다. 박사 후 과정을 마치고 대학교수가 된 친구도 있다. 12년이라는 세월과 특정 직무에 대한 전문성이 없기에 보다 좋은 다른 회사로 이직은 불가능하다는 것을 안다. 김 과장은 회사에서 승진하는 길만이 자신이 걸어갈 길이라 생각했다.

금번 차장 승진에서 김 과장은 탈락되었다. 회사는 다기능 보유자를 원한다고 하지만, 승진된 사람은 영업, 생산, R&D 직군의 전문가들이었다. 회사 매출과 이익에 직접 기여한 사람들이 승진했고 경영관리본부의 유일한 대상자인 김 과장은 탈락했다. 인사직무를 수행하는 후배에게 물어보니 특별한 하자는 없고 비사업조직이라 경영진이 보류한 것 아닌가 생각한다고 한다. 승진에서 탈락한 것보다 회사의 전략을 세우고 돈을 관리하는 자신의 업무가 낮게 평가되는 것이 더 화가 났다.

경영 TIP

결국은 전문성이 바탕이 된 직무이동이 되어야 한다

차별화된 경쟁력이 없는 기업이나 인력은 생존하기 어려운 시대에 살고 있다. 원가경쟁력이라도 있어야 하는데, 최저임금 자체가 높은 우리 현실은 이마저 할 수 없다. 제조업이 망하거나 해외로 떠나는 이유이기도 하다. 차별화된 경쟁력은 전문성이 바탕이 되지 않고는 달성할 수 없고, 이는 어느 한 분야만 잘한다고 얻어지는 것이 아니다. 모든 분야가 전문성이 있거나 경영층이 이를 받쳐 주어야 한다. 할 일은 많고 인력이 적은 중소기업에서 직원들을 이리저리 옮겨 다 할 수 있도록 가져가는 것도 한 전략이다. 부가가치가 낮은 단순 업무의 경우 이렇게 할 수 있다. 하지만, 의사결정의 한계가 있다. 보다 선제적 조치를 한 전략적 의사결정의 파급효과는 영업과 생산의 효과를 뛰어넘는다. 방향을 정하는 일이기 때문이다. 이를 하려면 전문성이 바탕이 되어야 한다. 전체를 이동시키기보다는 한 직무의 전문성을 강화하면서 우수한 인재를 중심으로 전략적 직무이동을 하여 폭넓은 시각을 갖도록 하는 것이 보다 바람직하다. 전문성이 약한 관리자와 경영자는 직원이나 주변의 말에 따라갈 수밖에 없다. 트렌드를 읽고 방향과 목표를 정해 전략과 과제를 내려줄 수 없다. '아는 사람'이 창조도 할 수 있는 법이다.

{ 잘해도
아무 소용없어요 }

왜 열심히 해야 하나요?

입사 10년 차인 김 과장의 언행에는 열정이 느껴지지 않는다. 10분 전 출근은 하지만, 일을 하겠다, 바쁘다는 생각이 들지 않는다. 멍한 상태로 자리에 앉아있다가 자리를 비운다. 책상은 퇴근했을 때 모습과 변함이 없다. 팀원들의 모습도 큰 차이가 없다. 뭔가 맥이 빠진 느낌이다. 팀장은 하루 종일 자리에 없다. 오후에 만나 물으니 오늘 회의만 5번 참석했다고 한다. 하루 5번 회의가 있으니 무슨 업무가 진행되며, 회의에서의 팀장이 어떤 행동을 했을 것인가 짐작이 간다. 사무실 전체의 분위기가 적막하다. 마치 절에 온 것처럼 정적에 싸여 있다. 오후 6시가 되자 한 명 두 명 자리에서 일어나 인사도 없이 퇴근한다. 퇴근시간이 되면 어수선할 만

주먹구구식의
인사제도

도 한데 조용한 것은 매일반이다.

김 과장과 개별 면담을 했다. 사무실에 생동감이 없고 뭔가 열정이 보이지 않는데 어떻게 생각하냐 물었다. 첫마디가 "잘해도 아무 소용이 없다"고 한다. 무슨 뜻이냐 물으니 사원 때 이야기를 해 준다. 어렵게 입사하여 일을 가리지 않고 열심히 했다. 선배들이 시키는 일은 밤을 새워 마무리했고, 남들이 하지 않는 창고 정리부터 눈에 띄는 일은 먼저 처리했다. 첫해 모범사원 상을 받았다. 선배들은 자신의 일임에도 일을 부탁했고, 여기저기서 도와 달라는 요청이 많았다. 1년이 지나 주어진 직무도 많았지만, 열심히 하면 일도 배우고 인정도 받는다는 생각에 밤늦게까지 그날 일을 처리했다. 그러던 중, 선배의 일을 한다고 했는데, 팀장의 지시사항이 있어 할 수 없는 상황이 발생했다. 한다고 하고 못한 것은 잘못이지만, 상사가 업무 지시한 것도 알고 있는데 자신의 일을 하지 않았다고 엄청 화를 내는 선배의 모습에서 많이 실망했다. 또, 평소대로 열심히 일했는데 요청하는 사람은 많아도 도와주려는 사람은 없고, 감사하다는 말은 없고 잘못하면 질책과 원망만 있었다. 연말평가를 기대했는데 팀의 차장 예정자가 좋은 평가를 받았다. 자신은 막내이고 승진이 아직 멀었다는 이유로 열심히 했지만 보통 이하의 등급을 받았다. 이후, 다른 회사를 알아봤는데 옮기지 못했다. 그래서 가능한 한 자신의 일만 하려고 했고, 말없이 지냈는데 면담을 하거나 따뜻하게 커피 한 잔 사주는 선배는 한 명도 없었다. 대리와 과장 승진은 되었다. 하지만, 이곳에서 차장, 부장이 된다고 크게 달라지는 것도 없다. 평가제도는 있지만, 평가를 잘 받았다고 달라지는 것도 없다. 성과급은 일률적으로 동일한 비율로 준다. 일 잘하는 선배들은 자기 갈 길을 찾아 많이 떠났다. 남아 있는 자기나 선배들은 이곳 아니면 갈 곳이 없다는 것을 알고 있다고 한다.

일의 의미, 나의 일이 회사의 이익과 성장의 원천이라는 생각이 부족하다

일이란 무엇이며, 자신이 하는 일이 회사에 어떤 영향을 주며, 회사의 지속 성장이 곧 자신의 발전이라는 생각이 적다. 회사에 출근하고 일을 하는 이유가 먹고 살기 위해 어쩔 수 없다는 수준이다. '윗물이 맑아야 아랫물이 맑다'고 한다. 선배들의 언행에서 이미 꿈과 열정이 사라지게 된다. 꿈과 열정을 가지고 입사해, 근무할수록 더 높은 수준의 꿈을 갖고 이를 달성하기 위해 악착같은 열정으로 노력해야 하는데 선배와 상사가 이를 지원하지 못하고 방치한다. 아니 방해하고 좌절하게 만든다. 교육이 없다. 모든 것을 알아서 하라는 식이다.

인재육성은 기본 중의 기본이다

일을 통해 배우는 것이 맞지만, 기본은 있어야 한다. 무에서 유를 창출하는 것은 쉽지 않다. 업무 매뉴얼, 기존의 자료, 선배의 지도 등이 있어야 한다. 처음 입사해 직무가 주어졌으면 매일은 아니지만, 주 단위로 무슨 일을 어떻게 했는가 관심을 갖고 지도해 줘야 한다. 부서장이라면 자신이 원하는 수준으로 성과를 낼 수 있도록 코칭하고 동기부여하여 조기 전력화를 이끌어야 한다. 회사 차원에서 입사 후 1년 동안의 조기 전력화 방안이 있어 강하게 육성하고, 3년 동안은 관심을 갖고 Follow up 과정을 가져가야 한다. 대기업은 신입사원이 퇴사해도 금방 다시 선발할 수 있지만, 중소기업은 한 명이 나가면 뽑기도 어렵고, 그가 했던 직무를 남은 사람이 해야만 한다. 선발한 인력이 떠나지 않도록 잡아줘야 한다. 남아 있는 직원들이 패배자라는 인식을 갖고 있다면 그 회사의 미래는 불 보듯 뻔하다.

평가는
사장님 마음

평가? 결과도 몰라요

A산업은 매년 연말평가를 실시한다. 1년의 업적을 정리해 자기 평가를 실시하고, 팀장과 본부장이 주어진 평가 양식과 가중치에 따라 업적과 역량평가를 한다. 관리팀에서는 전사 평가 결과를 취합하여 등급별 가중치에 부합되면 CEO에게 최종안을 제출한다. CEO는 평가결과를 보며, 자신이 평소 관심을 둔 직원에 대한 평가 결과를 조정하고 마무리한다.

A산업을 컨설팅하면서 직원들과 면담을 하였다. 평가와 관련하여 자신의 평가 결과를 알고 있는 직원은 한 명도 없었다. 평가 결과를 모르니까 잘하고 있는지 못하는 것인지 모를 뿐 아니라, 자신이 무엇이 강점이고 무엇을 보완해야 하는지 모른다. 상여금도 차이가 나지 않기 때문에 평가 결

과가 무엇인지 감을 잡을 수 없다. 100% 승진이 되는 것이 아니기 때문에 승진에서 되면 평가를 잘 받은 것이고, 승진 탈락하면 평가가 안 좋았다 느낄 뿐이다. 부서장도 평가 결과에 대해 피드백이 없다. 매년 평가는 실시하지만, 목표 설정과 중간 면담이 없다. 평가 그 자체만 존재하는 것이기에 크게 평가에 신경 쓰지 않는다. 사장이 마지막에 조정한다는 이야기는 전 직원이 다 알고 있다. 승진을 앞둔 직원들은 사장에게 잘 보이려는 노력이 최선이라고 생각한다.

경영 TIP

제도는 투명성과 공정성이 기반이 되어야 한다

평가를 하는 궁극적 목적은 조직과 구성원의 역량 강화와 성과 창출이다. 평가를 통해 회사 조직과 구성원의 수준을 알 수 있고, 어느 조직의 누가 우수한가, 떨어지는가를 판단할 수 있다. 개인들에게 결과를 통보하여 어느 수준에 있고 무엇을 더 해야 하는가를 알려줘 개선하도록 해야 한다. 물론 보상, 승진, 이동, 선발형 교육, 퇴직에 활용되기도 한다. 하지만, 더 추구해야 할 바는 역량 강화와 성과 창출이다. 모든 평가 프로세스는 역량과 성과 향상에 기여해야 한다. 목표를 부여하고 점검하고 피드백하는 일을 통해 조직과 구성원이 성장한다고 느끼게 해야 한다. 이러한 성장이 성과와 연계되어 회사가 지속 성장해야 한다. 평가의 투명성과 공정성이 담보될 때 조직과 구성원은 열정을 다하게 된다. 결과가 투명하지 않고 과정의 공정성이 담보되지 않는다면 그 누가 최선을 다하겠는가? 많은 기업에 회자되는 병폐가 있다. '성과 역량보다는 상사와의 관계가 모든 것을 결정한다.' 평가의 결과가 객관적 기록이나 근거 없이 사장의 판단에 의해 결정된다면, 확정된 결과를 본인이 모르는데 보상과 승진 등이 이루어진다면 누가 믿고 노력하겠는가?

많은 기업들이 제도의 투명성과 공정성을 높이기 위한 노력을 한다. 설계된 제도의 설명회, 추진 과정에 대한 공지, 면담과 피드백 강화, 결과의 신속한 통보, 불만족 사항에 대한 이의제도 등 많은 노력을 하지만 효과는 그렇게 높지 않다. 관리자와 경영진의 솔선수범이 우선되어야 한다. 월별 경영현황 설명회, 팀장 정보 모임 등을 통한 소통채널 마련과 지속적 실행을 통해 신뢰가 구축되어야 한다. 잘못된 평가를 하는 부서장은 보직해임 등 징계를 받는 강력한 조치가 있어야 한다. 위원회를 운영하여 원칙과 기준을 설정하고 최종 결과를 리뷰하여 공동 의사결정을 하도록 이끌어 가야 한다. 한 개인의 결정에 의한 경영은 신속하지만 위험할 수 있다. 부서장은 CEO를 보완해야 한다. 보좌하여 추종하는 존재가 되지 않도록 인사 제도를 설계하고 운영해야 강한 기업이다.

참모의
부재

{ 사장님 말씀이 항상 옳습니다 }

왜 내 말에 반대가 없는가?

대부분 중소기업 CEO는 오너이다. 자수성가한 CEO, 대기업에서 사내벤처기업으로 출발한 CEO, 자신이 연구개발한 프로젝트를 갖고 시작한 CEO, 회사 생활하다 뜻한 바가 있어 창업한 CEO 등 다양하다. 일부를 제외하면 대졸 이상의 학력이다. 창업부터 모든 업무를 직접 했기 때문에 제품과 서비스 프로세스에 해박한 경험과 지식이 있다. 회사가 성장하며 이해 관계자 집단과의 네트워크도 구축했고, 임원과 관리자는 오랜 기간 선발해 함께 생활해 왔기 때문에 성격의 장단점과 일하는 스타일을 잘 알고 있다.

경영회의를 참관했다. 본부별 지난주 실적을 간략히 말하고 금주 중요 계획에 대해 돌아가며 말한다. 통상 3~4개 수준의 일에 대해 말하는데, 타 본부장은 듣기만 할 뿐 발표 내용에 반대 또는 질문도 없다. 품질불량이 발생했다. 생산라인에 불량 부품이 입고된 것이 원인이었다. 생산 라인은 이를 모르고 평소대로 제품을 생산했다. 마지막 품질검사 단계에서도 이상이 없다고 출시되었다. 회사 제품을 사용하는 고객사에서 클레임이 왔다. 불량 부품이라 강도가 낮아 사용할 수 없다고 한다. 적은 양이 아니었고, 불량부품이 입고된 사실도 현장에서는 알지 못하고 있었다. CEO는 원인파악과 개선 의견을 말하라 했지만 아무도 이야기하지 않는다. 지난주, 신제품 개발 계획에 대해 연구개발팀장이 발표를 했을 때에도 아무 말이 없었다. 타 본부의 업무실적과 계획을 듣기만 할 뿐 자기본부에 영향이 없으면 침묵으로 일관한다. CEO는 전사적 관점에서 자신의 의견을 피력해 달라고 요청했지만 변함이 없다. 항상 사장이 무슨 결정을 하면 "예, 알겠습니다"가 전부이다.

회사가 생산본부를 인도네시아로 이전하는 문제로 경영회의가 실시되었다. 경영관리본부장은 인건비, 규제, 노사 이슈, 아시아 시장 개척 등을 이유로 진출을 건의하였다. 사장이 지금 국내 실정을 볼 때 해외 이전은 올바른 판단이라고 하니 임원들 전원이 타당하다고 한다. 왜 인도네시아로 정했냐 묻고, 베트남은 어떠냐 물었다. 임원들은 인도네시아의 최저 임금 인상, 한국에 대한 친밀감 등을 이유로 베트남이 좋다고 한다. 이전비용, 이전 시 생산계획, 현지채용 등에 대해 어느 정도 준비되었느냐고 하니 확정되면 준비한다고 한다. 생산본부 이전은 3년 후에 실시하고, 금년은 없던 일로 하자고 하니 모두 그것이 좋겠다고 한다. CEO가 의사결정을 하기 전, 제 목소리를 내는 사람이 없다.

누가 CEO 목에 방울을 달 것인가?

오너, 해외 박사, 25년 CEO로 재임 중인 대표이사에게 누가 반대 또는 싫은 소리를 할 수 있을까? 경영회의에 의견이 나오면 CEO만 바라보게 된다. CEO가 이렇게 하자면 이렇게 하고, 저렇게 하자면 저렇게 한다. 물론 아닌 경우도 있을 것이다. 하지만, 의견을 낼 시간도 없고 상황도 아니다. 다소 돌아가더라도 하라는 대로 한다. 실무자들은 이런 행동을 하는 관리자, 경영자들이 능력 없다고 하지만, 중간에 낀 이들도 답답한 것은 똑같다. CEO가 해외 출장일 경우에는 경영회의를 하지 않는다. 의사결정을 할 수는 있지만, CEO가 와서 책임을 묻거나 번복해 버리면 곤란하다.

CEO 및 임원 코칭을 통해 개선해 가는 방안도 있다

CEO가 경영진의 생각을 듣고 최종 의사결정을 할 수 있는 방안이 있는 가? 개인적으로 CEO 및 임원 코칭을 권한다. CEO는 자신이 나서지 않으면 일이 안 된다는 생각을 하고 있다. 임원들이 소신 있게 자신의 주장을 못 하는 것이 자신에게 원인이 있다는 생각을 하지 않는다. 경영자가 되면, 빨리 의사결정하고 실행하는 것이 옳다는 생각을 갖고 있다. 각자의 의견을 듣고 종합적 판단을 할 마음의 여유가 없는 것이다. CEO 입장에서는 20년 넘게 함께 생활한 임원들의 말이 귀에 들어올 리 없다. 외부 전문가의 조언이라면 좀 더 귀 기울일 것이다.

{ 사장님, 결정해 주세요 }

사장님, 너무 오랜 기간 공백입니다

A 사장은 결정장애를 갖고 있는 듯하다. 사업, 사람과 일정 금액 이상의 금액에 대한 결정은 항상 놓고 가라고 한다. 회사가 전자결재 시스템을 도입했다가 항상 CEO의 최종 결재가 되지 않아 결재판을 들고 승인을 받는다. 사업계획도 10월부터 준비하기 시작하여 10여 차례 수정에 수정을 거듭하고 1월 말경 확정된다. 중요한 의사결정은 시간을 두고 검토해야 하지만, 워낙 결정을 하지 않으니까 늘 촉박해진다. 한 번은 영업본부장이 공석이 되었다. 영업 중심의 회사였기에 비중 있는 인사가 선정되어야 했다. CEO는 외부에서 영입하기로 결정했다. 헤드헌팅 회사를 통해 20여 명의 입사지원서가 접수되었으나 전부 불합격되었다. 2~3명은 면접

을 보려 했으나 결정 기간이 길어져 다른 회사에 취업한 상태였다. 다른 헤드헌팅 회사도 10여 명을 추천했지만, 면접까지 간 사람은 1명이었고, 면접에서 자질이 부족하다고 탈락했다. 헤드헌팅 회사도 이 회사와는 일을 할 수 없다고한다. A 사장은 3개월 넘게 영업본부장을 선임하지 못하고결국 내부에서 승진시키기로 했다. 3명에게 면접을 준비하라고 했다. 면접을 끝낸 후에 개별적으로 만남을 가졌다. 그리고 2주 넘게 아무 말도 하지 않는다. 경영관리본부장이 조심스럽게 영업본부장이 너무 오래 공백이었다며 선임에 대해 물었다. A 사장은 내일 결정해 주겠다고 한다. 며칠이 지난 후, A 사장은 자신이 영업본부장을 겸직하겠다고 했다.면접을 본 한 명은 사직서를 제출했다.

경영 TIP

의사결정을 하지 못하고 존경받는 경영자는 없다

부서장이 하는 일 하나를 고르라면 무엇일까? 그것은 의사결정이다. 길고 멀리 보며 회사의 모습, 방향, 전략과 중점과제를 결정해야 한다. 사업과 연계하여 올바른 의사결정을 신속하게 해야 한다. 자신의 결정이 조직과 구성원이 실행하여 성과를 창출하도록 점검하고 피드백해야한다. 의사결정이 왔다 갔다 하면 담당자는 매우 곤욕스럽다. 많은 기업의 담당자들은 보고서를 작성하면서 버전 관리를 한다. 첫 보고서가 버전 1이라면 한 번 수정할 때마다 버전이 올라간다. 만약 버전 20 정도 되면 어떤 현상이 일어날까? 시키는 것만 하는 무사안일주의가 팽배하게 된다.

자신의 의사결정 사항을 종이에 6하 원칙으로 적어 지시하는 부서장은 많지 않다. 대부분 말로 지시한다. 지시사항을 그 자리에서 듣거나, 지시노트에 적고 수행여부를 확인하는 부서장 역시 많지 않다. 그러나 자신이 내린 의사결정과 지시사항은 기록하여 확인하는 것이 바람직하다. 부서장이 지시를 내리고 잊어버리거나 중간에 확인하지 않으면, 직원들은 이 또한 지나간다는 생각으로 잊어버리거나 찾을 때 서둘게 된다.

의사결정을 못 하거나, 결정된 사항에 대해 실행하여 성과를 내지 못하는 경영자를 존경할 조직과 직원은 없다.

{ 2안, 3안이 없다 }

"왜 생각이 없는 거야?"

A 사장은 매일 야근이다. 그의 책상에는 검토해야 할 서류들이 많다. 하나같이 원인, 과정, 방안이 부실하다. 이렇게 하면 회사에 도움이 안 된다. 담당자들의 역량이 낮은 것을 탓할 수 없기에 하나하나 고치며 결정을 해주니 매일 야근이다. 며칠 전 A 사장은 B 차장에게 공장 정리정돈을 잘할 수 있는 방안을 만들어 가져오라고 요청했다. B 차장의 보고서는 고민이 없다. 현재 상태에 대한 내용, 교육하고 점검하겠다는 수준이다. 근본 원인에 대한 고민이나 정리정돈을 잘하면 회사와 자신들에게 어떤 이익이 된다는 성찰이 없다. 그냥 지시를 받았으니 한다는 식이다. 고민을 하다 가장 정리정돈을 잘한다는 S정공에 부탁하여 현장 관리자와 라인

책임자 10명을 벤치마킹 다녀오라고 했다. 가기 전에 각자 보고 들은 것 중 회사에 도입할 방안을 보고서를 만들어 제출하라고 했다. 이들은 마지못해 다녀왔고 보고서는 같이 논의했다며 하나만 제출했다. S정공이 잘하고 있다는 내용이며 회사와는 산업과 공장의 특성이 다르기 때문에 반영할 수 있는 방안은 그리 많지 않다는 내용이었다. 마음이 없으니 보이는 것도 없다. A 사장은 깊이 고민하며 이것을 어떻게 해결할 수 있는가 의뢰한다.

최고경영자가 부지런하고 현명하면 직원은 성장하지 못한다

리더의 4가지 특성에 대한 오래된 이야기가 있다. 지식과 행동을 두 축으로 하여 1축은 똑똑하고 부지런한 리더, 2축은 똑똑하고 게으른 리더, 3축은 멍청하고 부지런한 리더, 4축은 멍청하고 게으른 리더이다. 직원들이 가장 좋아하는 리더와 가장 싫어하는 리더가 누구이겠는가? 가장 좋아하는 리더는 똑똑하고 게으른 리더이다. 똑똑하기 때문에 변화와 환경을 미리 읽고 사전에 방향과 목표, 중점과제와 프레임워크를 올바르게 제시한다. 게으르기 때문에 믿고 맡기며 직원들이 하게 한다. 가장 싫어하는 리더는 멍청하고 부지런한 리더라고 한다. 멍청하기 때문에 방향과 결정을 잘못한다.

부지런하기 때문에 아침에 일찍 출근하고 기다리지 못한다. 빨리빨리 하라고 독촉한다. 그렇다면 똑똑하고 부지런한 리더와 멍청하고 게으른 리더가 있는 곳 중 성과가 높은 곳은 어디일까? 오랜 직장생활을 한 경험에서 보면, 전자보다 후자가 높다. 전자는 단기적 실적은 높을 수 있지만, 직원들이 무사안일주의와 했다주의에 빠지게 된다. 대충대충 일을 한다. 자신보다 더 현명하고 부지런한 리더가 다 고쳐주는데 굳이 자신들이 잘할 필요가 없다. 후자는 직원들이 리더를 제치고 자신들이 결정하고 실행한다. 회사는 망하면 안 된다는 생각을 하기 때문이다.

경영 TIP

어떻게 직원들을 고민하고 행동하게 할 것인가?

A 사장으로부터 자문 의뢰를 받고 직원들 설문과 인터뷰를 실시하였다. 생각한 바와 같이, 자신들이 무슨 안을 작성해 보고하면 다 고치기 때문에 잘하고 싶은 의욕이 나지 않는다 한다. 처음에는 미처 생각하지 못한 부분을 수정해 줘서 배운다는 마음이 컸다. 하지만, 계속 수정을 하는데 듣지 않고 고치고 하라고 하니 마음이 상했다. 이제는 고민하지 않고 올리면 다 고치고 고친 것을 갖고 하면 편하다고 한다.

1주의 설문과 인터뷰를 마치고 A 사장에게 2가지를 당부했다. 하나는 모든 보고서는 반드시 2개 이상의 안을 만들고, 최종 담당자 결정은 무엇이며 어떻게 할 것인가를 포함하라 했다. 심하게는 연필 한 자루를 사더라도 2개의 거래처를 대안으로 하고 하나를 선택한 이유와 어떻게 구입할 것인지까지 기록하라고 했다. 다른 하나는 일정 금액 이상, 회사에 중대한 영향을 주는 사안이 아닌 이상, 추진 일정을 보고, 마지노선까지는 기다리고 하라고 하라 했다. 직원들을 고민하게 만들라고 주문하였다. 한 달이 지나, A 사장이 7시 이전에 퇴근했고, 지금 A 사장은 낮에 거래처와 지인을 만나고 퇴근은 항상 정시퇴근이라고 한다.

중소기업 담당자들은 할 일이 많고 생각할 여력이 없다. 기존에 했던 방식을 따르고 가능한 한 빨리 일을 끝내겠다는 생각이 강하다. 고민하지 않기 때문에 성장이 되지 않고, 일정 수준을 넘지 못하기 때문에 상사 입장에서 보면 답답하다. 급한 마음에 자신이 하면 직원은 더 게으르고 무능하게 된다. 더 중요한 것은 관리자와 경영자는 실무자가 아니다. 만약 실무자처럼 일을 한다면 회사 입장에서 보면 그는 돈 많이 받는 실무자인 셈이다.

{ 내 조직,
나만 살면 된다 }

임원들의 최대 목적이 생존이 되어서는 안 된다

임원은 임시직이라고 한다. 사원들은 만 60세까지 정부의
보호를 받는다. 하지만, 임원은 그렇지 않다. 언제든지 떠날
마음의 준비를 하며 조직관리와 성과를 창출해야 한다. 나
는 잘했지만, CEO가 원하지 않으면 떠나야 한다. 임원이 책
임을 지고 조직을 관리하고 성과를 창출해야 하는데, 시킨다
고 다 하는 것도 아니고 성과가 나지 않을 때에는 마음이 무
겁다. 임원들은 항상 마음에 사표를 갖고 다닌다고 한다.

임원들이 가장 중요시 여기는 것은 바로 생존이다. 1년 단
위로 계약을 맺기 때문에 1년 안에 성과를 봐야 한다. 성과
가 높다고 머무는 것이 아니다. 조직 구성원들의 평가나 평
판이 좋아야 한다. 임원들이 전사적 의사결정을 하지 못하고

내 조직만 생각하는 이유이다.

영업을 담당하는 김 전무는 머릿속이 온통 매출과 이익, 영업조직뿐이다. 영업실적을 위해 각 지방을 순회한다. 함께 잘 못 마시는 소주를 마시며, 지역의 지점장을 격려한다. 매출과 이익이 높은 조직은 칭찬과 작은 보상을 하고, 떨어지는 조직에 가서는 원인을 함께 고민하고 동기부여를 한다. 매년 영업본부는 실적을 경신한다. 직원들도 양말이 헤지고 구두창이 닳은 본부장의 모습에 감동을 받고 열정을 다한다. 김 전무의 머릿속에는 영업밖에 없다. 그러나 다른 본부와의 왕래는 거의 없다. 전사적 이슈에 대한 관심이 없다. 영업에 대해 누군가 이야기하면 발끈한다. 반대로 타 조직에 대해서는 신경을 쓰지 않는다. 영업현장의 고객 불만에 대한 경영관리본부의 지적에 대해 알지 못하면 가만있으라는 태도였다. 영업사업계획도 재무와 생산 등의 고려가 없다. 올해 이만큼 했는데 내년에는 10% 올려 이만큼 할 것이니 따라와 달라는 식이다. 영업이 성과를 창출하여 회사가 성장하는 만큼 타 조직의 지원을 강조한다.

경영관리를 담당하는 A 상무는 항상 회사가 우선이다. 회사에 이익이 된다면 조직과 구성원의 희생은 당연하다고 생각한다. 생산 현장이 바쁘면 직원에게 현장 지원을 보낸다. 잔업을 하며 타 조직의 실적과 계획을 분석하고 전사안을 만들어 보고한다. 회사의 각종 행사를 주관하고 진행한다. 경영관리 조직과 직원들은 당연한 일이라고 생각하지만, 항상 회사의 일반적이고 힘든 일들을 도맡아 해야 하는 것은 회사가 아닌 A 상무가 자신의 이익을 위해 하는 행동이라고 생각한다.

경영 TIP

사심을 버려야 한다

대기업 임원은 퇴직 후 갈 곳이 있다. 자회사가 있고, 협력업체도 있다. 아니면, 그 역량과 업적에 따라 중견, 중소기업에 스카우트되는 경우도 종종 있다. 하지만 중소기업 임원은 퇴직 후 자신이 받던 연봉의 절반을 받는 직장에 입사하기란 쉽지 않다. 회사의 지명도가 떨어지는 측면도 있지만, 한 직무의 전문성도 떨어진다. 퇴직 후 건강은 아직 젊은이들 못지않고, 40년을 더 살아야 하는데 가진 돈도 많지 않다. 열심히 앞만 보고 뛰던 사람이 할 일이 없고 갈 곳이 없는 상태에서 방 안에 머무는 것이 얼마나 힘든가를 잘 알고 있다. 여러 이유로 좀 더 버틸 수 있는 방안을 강구하는 것이 당연한 이치이며 심정이다.

길고 멀리 보며 사심을 버려야 한다. 전사적 관점을 키워 주기 위해서는 사업의 본질, 최소한 3개년 비전과 전략, 회사의 재정 상태에 대한 충분한 이해가 있어야 한다. 주 단위 담당 조직의 3가지 수준의 집중 과제를 공유하고 최우선 과제에 전체가 집중하도록 해야 한다. 열린 소통을 바탕으로 협업문화를 강화해야 한다. 내 조직, 나만이 아닌 회사의 경쟁력과 성장이 우선이 되어야 한다. 나 혼자 똑똑하다고 기업이 성장하지 않는다. '우리는 함께'라는 생각을 조직과 구성원에게 심어주되, 그들의 마음속에 존경하는 롤모델로 간직되어야 한다. 직원들은 자신이 존경하는 사람을 본받고 따라 하게 되어 있다.

사장님이
항상 우선이다

지나친 의전에 힘들어요

임원 신년 경영워크숍을 1박 2일 연수시설을 빌려 진행하게 되었다. 워크숍을 주관하는 경영관리팀은 전날 연수원에 가서 숙박을 하며 준비를 한다. 강의장의 각 책상마다 명패, 연필과 볼펜, 지우개, 발표자료와 노트, 음료수를 세팅한다. 문에는 좌석 배치도를 붙여 자신의 자리가 어디인가 알게 한다. 숙소마다 침구를 살피고, 음료수, 약간의 맥주와 안주를 채워 놓는다. 휴식시간 간식뿐 아니라 연수원에서 이용할 수 있는 시설, 주변 식당까지 파악한다.

연수 당일, 경영관리팀장은 A 전무에게 질책을 받는다. 자신의 자리가 상무 레벨에 있다는 이유였다. 조 편성에도 불만이 많았다. 타 본부와의 교류를 위해 본부별 안배를 했는데, 불편하다는 이유다. 숙소도 자신이 원하는 사람이 옆에 없다는 이유로 조정해 달라고 한다.

경영관리팀장에게 임원들 중에 서로 모르는 사람이 있느냐 물었다. 사전 세팅하면 보기는 좋지만, 일정 장소에 사무용품 및 준비물을 놓고 가져가게 하면 워크숍 성과에 영향을 주느냐 물었다. 핸드폰이 다 있는데 상대의 숙소를 모르면 문제가 되냐 물었다. 워크숍에서 얻고자 하는 목표에 집중하고, 자리배정, 사전 세팅을 하지 않도록 했다. 불편해할 것이라고 한다. 7월 임원 상반기 점검 및 하반기 목표 워크숍을 진행하면서 필요한 사람이 자료와 필기구를 갖고 자신이 원하는 자리에 앉게 했다. 숙소도 키를 놓고 가져가도록 했다. 어떠한 불만도 없다.

직장생활을 하면서 2명 이상의 상사가 모이는 회식, 회의, 교육은 준비도 신경이 쓰이지만, 의전에 더욱 고민하게 된다. 오죽하면 의전에 실패하면 전부 실패라고 한다. 심한 경우, 정시가 지난 회식에 상사가 오지 않았다고 식사를 하지 않는다.

품격과 품위는 다르다

품격의 사전적 의미는 사람된 바탕과 타고난 성품이다. 품위는 직품이나 직위를 아울러 이르는 말로 사람이 갖추어야 할 위엄이나 기품이다. 품격은 선천적 개념이 강하다면, 품위는 만들어진다. 만들어가는 주체가 핵심이다. 스스로 올바른 생각을 갖고 바른 언행을 통한 철저한 자기관리를 하는 것이 바람직하다. 겸손한 마음으로 배려하고 사람을 감동시키되 추구하는 바를 달성해 가는 품격과 품위가 중요하다. 주변에서 위엄을 갖춰줄 수는 있다. 소위 띄워주는 것이다. 허나 만들어주는 품위는 그 자리에서 내려오게 되면 사라진다.

경영 TIP

떠나서도 기억되는 사람이 되어야 한다

윗자리에 있을 때, 온정과 냉정을 갖고 철저한 자기관리를 해야 한다. 정점에 있는 사람은 내려오는 길밖에 없다. 어떻게 내려오느냐, 내려왔을 때 어떤 모습이 되느냐 고려해야 한다. 계약 관계이고, 공동의 목표를 달성하기 위해 일정 기간 함께 생활했지만, 기간이 끝난 후 남남이 되는 것은 당연하다고 한다. 있는 동안, 개인의 목적을 위해 상사를 띄우는 것은 사심이다. 언젠가는 떠날 곳이다. 있는 동안 자신을 위해 일하는 것이 아닌 회사의 100년 성장과 후손에게 유산을 남기는 마음으로 일해야 한다. 사람이 아닌 회사를 항상 우선해야 한다. 그러나, 사람의 관계는 어떤 계기로 기억되어 있는가에 따라 달라진다. 잊혀지는 사람도 있지만, 기억되어 지속적으로 만남을 갖는 사람이 있다. 직원들은 중심을 잡고 이루고자 하는 큰 모습과 목표를 향해 걷는 상사를 존경한다. 윗사람에게는 간을 빼어 줄 정도로 비굴하고, 아랫사람에게는 명령조로 지시하는 상사에게 마음을 주는 직원은 없다.

{ 사장님 보고는
내 몫이다 }

이것은 지시 사항입니다

새로 임명된 A 본부장은 3명의 팀장을 불러 놓고 자신의
철학이며 반드시 지켜 달라는 요청과 함께 "모든 수명과 보
고는 자신을 거치지 않고 하지 말라"고 한다. CEO가 직접
부르더라도 반드시 자신에게 허락을 득하고, 자신을 건너뛰
고 보고하는 일은 없도록 하라고 한다. 직장인의 기본 예의
이며, 당연한 일이기에 다들 알았다고 했다.

A 본부장은 모든 지시와 보고를 혼자 받고 혼자 처리했다.
문제는 팀장들이 CEO의 의중을 알지 못한 상황에서 보고서
를 작성하게 되었고, 보고 후 수정이 되면 왜 수정해야 하는
지 정확하게 알 수 없었다. 때로는 보고를 했는지 안 했는지
알 수 없었고, 보고를 마친 다음에도 본부장에게 보고여부를

물어봐야 하는 경우가 종종 있었다. CEO의 질책을 받지 않는 것은 좋지만, 왠지 효율적으로 일한다는 생각은 들지 않았다.

A 팀장이 CEO의 호출을 받았다. A 본부장에게 갑자기 찾으신다고 하니 함께 들어가자고 한다. CEO는 A 본부장은 왜 왔느냐 묻고 A 팀장에게 업무를 지시한다. 특별한 업무가 아니었기 때문에 A 팀장은 알았다고 하고 하루 정도 소요될 것이라 했다. A 본부장은 CEO가 직접 팀장을 부른 것과 A 팀장이 자신의 의견을 묻지 않고 1일의 보고일자를 정하는 것에 기분이 상했다. A 본부장은 A 팀장에게 CEO보고는 자신에게 말하라고 한다. 특별한 일도 아닌데 자신에게 말하라는 본부장의 말에 A 팀장도 기분이 좋지 않았다.

경영 TIP

중소기업은 권위보다는 신속함이 생명이다

중소기업 경쟁력의 원천 중 하나는 신속함이다. 직책은 있으나 인원이 적기 때문에 서로가 서로를 잘 안다. 업무만 해도 누가 어떤 업무를 하고, 지금 바쁜지 여유 있는지 어느 정도 안다. 직급과 직책체계가 있지만 경직되어 있지 않다. 본부장까지는 열린 공간에서 일을 하고, CEO만 독립된 공간을 사용하는 경우가 많다. 사장 비서도 거의 없기에 사장이 직접 와서 담당자 또는 부서장에게 이야기한다. 보고를 할 때도 보고

하러 간다고 하며 담당자 또는 부서장과 담당자가 함께 보고한다. 신속하게 일이 처리되고 결정되기 때문에 일정을 단축할 수 있다는 것이 중소기업의 장점이다. 원칙을 따지며 정보와 채널을 장악하는 것은 일의 흐름을 원활하게 이끄는 것이 아닌 보이지 않는 장애가 된다.

중소기업에는 임원이 많다. 대기업의 부장 수준이면 중소기업은 임원인 경우가 많다. 임원이 아니면 대기업이나 관공서에서 협의를 꺼리거나 무시하는 경향이 있다. 여러 이유로 임원이 많아 자칫 옥상옥이 되는 경우가 있다. 팀장-실장-본부장-수석본부장-사장의 직책으로 구성되는 경우도 있다. 직원의 직급도 사원-대리-과장-차장-부장 5단계인데, 임원의 직책이 5단계로 아래 단계 직원들에게 일일이 보고를 받는다면 의사결정이 신속할 수 없다. 임원이라면 임원답게 올바른 의사결정을 신속하게 해야 한다. 민첩한 조직과 문화는 개인의 이슈도 있지만 체계의 이슈도 있다.

잘한 일은 나,
잘못한 일은 너

나쁜 일은 보고하지 않는 조직은 망할 뿐이다

누구나 나쁜 일이 발생되었을 때, 숨기고 싶어 한다. 이야기해 그 책임을 지거나 처리해야 하는 것을 싫어한다. 실패에 대해 용인하지 않는 기업과 문화에서는 나쁜 일이 있으면 더욱 보고하지 않는다. 부서장의 경우, 자신이 책임지지 않고 아랫사람이나 담당자에게 전가한다. 이런 기업과 조직문화에서는 신뢰가 쌓이기 어렵다.

반대로, 일의 성과가 있을 때에는 그 공을 차지하려는 사람이 많다. 1%의 기여를 해도 자신이 했다고 한다. 자신이 한 잘한 점을 강조하여 성과에 대한 보상을 누리려 한다.

A 상무는 CEO의 시종이라고 소문났다. 상사에게는 간을 빼어줄 듯이 아부가 심하다. 상사의 기분을 상하게 하는 말을

하지 않는다. 상사의 지시에 "예, 알겠습니다." 90도 숙이며 수명한다. 직원들을 닦달해 신속하게 끝냈다. 상사의 기대에 맞지 않을 때는 죄송하다는 말을 반복하며 직원에게는 호통을 친다. CEO의 지시에는 그 어떠한 상황에도 반대가 없다. A 상무가 담당하는 영업본부에서 자금횡령 사건이 발생했다. 지점장과 직원이 수금한 금액을 미수금 처리하고 2년 넘게 횡령을 해왔다. 각 지점의 미수금 현황과 실제 수금 금액이 다른 지점도 여러 곳이 되었다. 이 사건으로 영업관리팀장이 책임을 지고 퇴직했고, 해당 지점장들은 중징계를 받았다. A 상무는 모든 자금관리는 영업관리팀장이 총괄하고 있었다며 자신은 전혀 몰랐다고 한다. 나아가 그 누구도 이 사건에 대해 이야기하는 것을 막았다.

경영 TIP

부서장의 정도경영과 솔선수범은 기본 중의 기본이다

사장은 임원이라면 개인의 이기를 떠나 회사 입장에서 생각하고 행동해 주기를 희망한다. 임원들이 책임을 지고 조직과 직원들을 이끌어야 하고, 그렇게 해주기를 기원한다. 하지만, 임원들은 자신이 경영자라는 생각보다는 직원이라는 생각이 강하다. 2020년, 300억 이하의 중소기업 임원들의 연봉이 대략 7천만 원 수준이었다. 4인 가족 기준으로 보면, 자녀들이 학생일 경우가 많아 생활비뿐 아니라 교육비로 많은 비용이 들어간다. 맞벌이하면 모르지만, 혼자의 소득으로는 풍족하지는 않다. 여러 유혹을 받을 수 있다. 입사부터 철저한 정도경영과 솔선수범이 체질화된 회사에서는 공금횡령이나 뇌물은 생각도 못 한다. 부서장이 지켜야 할 정도경영 항목을 일일이 언급하는 것은 무리가 있다. 아니다 싶으면 하지 않는 것이 기본이 되어 있어야 한다. 아는 것뿐 아니라 실천해야 하며 가르쳐야 한다. 회사의 문화가 되어 누가 뭐라고 하지 않아도 실행되는 이유는 부서장에게 철저한 자기관리가 선행되기 때문이다.

{ 창업 임원과 영입 임원과의 갈등 }

대기업에서 했던 버릇을 버리지 못한다

중소기업에 영입되는 임원은 크게 두 유형이 있다. 하나는 대기업의 임원이 아닌 부장이나 팀장으로 있다가 중소기업의 임원으로 승진하여 영입되는 경우이다. 다른 하나는 중소기업에서 경영능력이나 전문성을 인정받고 중소기업으로 옮기는 경우이다. 사실 중소기업에서 중소기업으로 옮기는 것은 한계가 있다. 경쟁업체는 여러 이유로 갈 수가 없다. 사업의 특성이 다른 업종으로 가야 하는데 뛰어나지 않으면 영입할 이유가 없다. 대기업 부장이나 팀장을 영입했을 때, 많은 경우 2년을 버티지 못하고 이직하는 경우가 많다. CEO와 내부 임원들에게 물으면 다양한 이유를 말한다. 중소기업에 대한 이해가 부족하다, 차량과 사무실 등 자신의 이익만 추구한다, 본인이 하는 일은 없고 전부 직원들에게 시키려 한다, 모르면 물어보고 배우려 해야 하는데 자존심만 강하다, 이곳에 왔으면 커피 한 잔을 하거나 식사를 하는 등 친목을 위한 장을 마련해야 하는데 자리를 만들어도 오려고 하지 않는다, 말만 번지르르하고 실속이 없다, 전문성을 보고 영입했는데 내실이 없다 등등이다. 이들은 '전에 있던 회사에서는 이렇게 했다'는 말을 가장 듣기 싫어한다. 영입한 임원 입에서 현재 있는 회사의 문제와 그 해결방안을 가지고 이야기해야 하는데, 전 회사와 비교하니 화도 나고 답답하다. 마치 자신이 대기업의 임원인 것처럼 행동한다. 대기업에서는 임원이 되지 못했건만, 이곳의 임원이라고 그곳의 임원처럼 행동한다는 불만이 높다.

공유하거나 도와주지 않고 평가하려고 한다

임원으로 영입되었다가 얼마 가지 못하고 퇴직한 임원들과 미팅을 하였다. 아직 화가 덜 풀린 듯 회사와 소속 임원에 대한 원망이 많다. 중소기업 임원으로 갔을 때는 여러 가지 내려놓고 열심히 하겠다는 마음으로 갔다. 첫날부터 회사 또는 사람들에 대한 소개도 없었다. CEO와 잠시 인사를 나누고 자리를 안내해 앉았다. 다들 바빠 면담을 하기도 그래서 회의실에서 간단히 자기소개를 했고, 한 명씩 자기소개를 들었다. 잘 부탁한다고 하고 팀장부터 업무 소개를 요청했다. 자료도 부실했고 열정도 없었다. 기대했던 업무 수준과 현실과는 차이가 너무 컸다. 하루 종일 찾아오는 직원이 없다. 업무 매뉴얼도 없고 조직과 개인을 파악할 수 있는 기본 자료도 없다. 부여된 업무도 없다. 영업본부장으로 왔지만, 거래처가 어디이고, 어느 수준이며, 누가 무엇을 하는지 전부 개별적으로 확인해야 했다. CEO는 담당자에게 일을 지시하고, 팀장들은 바쁘게 일하고 CEO에게 보고한다. 경영목표는 있지만, 월별 매출량과 매출액이 없다. 수주는 주단위로 결정되며 전부 주 거래선에서 통보해 주는 구조였다. 월이나 분기 단위의 수주는 왜 안 되냐고 하니 지금까지 이렇게 해 왔다고 한다. 매주 경영회의가 있지만, 자신의 업무에 대한 실적과 계획만 말한다. CEO는 매출과 거래선 확보만 강조한다. 기존 임원들은 한 주에 한 번 이상 회식을 한다. 가끔 CEO도 그들과의 만남을 갖는다. 그들만의 모임이다. 자료를 요청해도 제대로 된 내용은 없고 도움이 안 된다. 하나에서 열까지 자신이 어떻게 하나 지켜보며 평가하는 모습에 지쳤다고 한다.

임원도 조기 전력화가 필요하다

『90일 안에 장악하라』는 책이 있다. 처음 담당하는 조직 구성원과 면담을 하여 회사와 개인의 현실을 명확하게 파악해야 한다. 3년 정도의 중기 사업계획을 만들고, 상사와 주변 동료 임원과 협의하여 지원을 얻어내야 한다. 90일 안에 일과 사람들의 마음을 훔쳐야 한다. 이를 보다 효과적으로 하기 위해서는 내부를 잘 알고 있는 임원(창립 멤버이면 더욱 좋다)이 멘토가 되어 회사의 연혁, 제품과 서비스의 단계와 중점 포인트, 조직과 부서장의 특성과 장단점, 회사 제도, 임원으로 주의할 점과 강조 사항, 타 임원과의 개별 미팅 등을 주선하고 알려줘야 한다. 영입임원에게는 우수직원을 붙여주고 도전과제를 부여해 함께 해낼 수 있도록 지원해 줘야 한다. 작은 성공을 만들어 영입이 회사에 도움이 된다는 것을 알리고, 영입 임원이 더 큰 프로젝트를 수행하게 해야 한다. 영입을 했으면 영입 임원이 제대로 일을 하도록 지원하는 것이 먼저이다. 그가 무엇을 해내는가 지켜보고 평가하겠다는 생각이 있다면 갈등밖에 남는 것이 없다.

훌륭한 참모가 함께하지 못한다

A 전무는 자타가 공인하는 재무 전문가이지만…

A 전무는 재무를 전공했고 공인회계사를 취득했고 대기업 재무팀에 10년 근무했다. 근무하면서 재무 관련 책을 2권 집필했고, 대기업 재무 담당 연구회를 만들어 지금껏 운영하고 있다. 한국재무학회 부회장이며, 재무 관련 기고만 100개가 넘을 정도로 이 분야 전문가로 널리 알려져 있다. A 전무는 체계가 구축된 대기업보다는 중소기업에서 자신의 지식과 경험을 바탕으로 재무 시스템을 구축하겠다는 생각으로 차장 때 퇴직을 했다. 중소기업 3곳을 거치면서 재무 시스템을 구축하고 현 회사에 1년 전 합류했다. A 전무는 재무팀장과 팀원 2명에게 매주 2시간씩 재무 기초부터 집단 학습을 실시했다. 과제도 내고 발표도 시키며 학습내용은 매뉴얼 형태로 정리하

게 했다. 팀장과 팀원은 힘들고 어려웠지만, 1년 동안 학습을 이어갔다. A 전무가 재무시스템을 구축하고 투명한 회계처리로 세무 점검 시 완벽하게 통과하였다. 담당 세무공무원이 Best Practice로 A 전무의 재무시스템을 홍보할 정도였다.

A 전무는 최근 고민이 많다. 산업 환경이 악화되며 회사의 적자가 예상되기 때문이다. 당기순손실이 발생하면 금융기관으로부터 혜택은 줄고, 대출을 받기도 어려워진다. 신용등급이 떨어지면 중소기업은 버티기 쉽지 않다. CEO로부터 어떻게 하든 당기순이익으로 결산을 하라는 지시를 받았다. 재무의 투명성을 가장 강조한 A 전무는 합법적 회계처리로는 이익을 낼 수가 없었다. 법의 테두리에서 위험부담이 있는 조치들을 취해야 했다. A 전무는 CEO에게 건건이 보고하고 결재를 받아 처리되기를 원했다. CEO는 재무본부장 전결로 처리하라고 한다. A 전무는 비용 사용 원칙을 정해 전 임직원에게 공표했다. 임원만 사용할 수 있는 법인카드도 용도와 한도를 분명히 했다. 용도 이외의 사용에 대해서는 개인 변상하도록 가져갔다. CEO가 갑자기 호출한다. 어제 자신의 법인카드가 한도초과로 결제를 할 수 없어 민망했다며 한도제한을 풀라고 한다. 임원들도 개인변상 항목에 불만이 많다. 임원들의 전결금액도 대폭 줄였다. CEO는 이런 금액까지 내가 결재해야 하냐고 질책한다. A 전무는 더 이상 근

무할 수 없다 판단하고 사직서를 제출한다.

3년 중기 전략과 5가지 핵심과제를 주장한 B 상무의 경질

경영관리본부를 담당하는 B 상무는 위기 상황을 극복하기 위해서는 목표가 명확해야 한다고 생각했다. B 상무는 기획관리팀과 3주 동안 회사의 3개년 중기 생존전략과 방안, 금년도 5가지 핵심과제를 도출하였다. B 상무와 기획관리팀이 중요시한 것은 위기 상황에 회사의 생존 전략이며 반드시 달성해야 할 5가지 중점 과제였다. 3주 동안 하루 3~4시간을 자면서 작성한 보고서를 가지고 전원이 CEO에게 보고하였다. CEO는 표지의 '생존 전략'에 대한 불만을 토로했다. 5가지 핵심과제에 대해서도 각 부서가 하면 되는 일을 전사차원에서 점검하는 방식은 아닌 것 같다고 한다. 3주의 노력이 수포로 되는 순간이다. B 상무는 산업의 국내외 전망, 회사의 재무현황, 경쟁사 동향 등을 설명하며, 지금 집중하지 않으면 안 됨을 강조했다. CEO는 "회사의 오늘과 내일은 자신이 책임지며, 지금 이렇게 한다고 좋아지지 않는다. 이 산업은 내가 가장 잘 아니 나에게 맡기고, 본인들에게 맡겨진 해야 할 일을 잘해라" 하며 보고를 마친다. B 상무는 CEO로부터 사업의 방향과 전략에 대해 들은 바가 없다. 매주 전문가를 만난다고 하지만, 누구를 만나 어떤 내용의 대화를 나눴나 모른다. 함께 고생한 직원들에게 미안하다는 생각이 들었다. "지금 이곳에서 부사장으로 모시고자 하는데 연봉은 지금보다 3천만 원 이상이다"라는 헤드헌터의 전화가 왔다.

경영 TIP

뛰어난 참모는 붙잡아야 한다

스스로 방향, 전략, 과제를 정하고 주도적으로 실행하여 성과를 창출하는 부서장은 어떠한 어려움이 있어도 붙잡아야 한다. 간혹 언행이 거칠거나 인내하지 못하고 화를 토로하는 이들도 있다. 그럴 때마다 내치거나 한직으로 보내면 뛰어난 참모는 떠나게 된다. 중소기업은 사람이 경쟁력이다. 뛰어난 참모 한 명이 떠남은 한 명의 떠남으로 끝나지 않는다. 파급효과는 보이지 않게 오래가며 심각하다. 한 분야의 전문가, 방향과 전략을 구축하고 성과를 창출하는 참모는 옆에 두며 그들의 지혜와 역량을 활용해야 한다. 아무리 중소기업은 CEO의 영향력이 80% 이상이라고 해도 받쳐주는 참모가 없다면 지속 성장은 불가하다. 무조건 "예, 알았습니다" 하는 예스맨 참모로는 CEO의 원대한 꿈을 결과로 이끌어주지 못한다.

한 면이 뛰어난 참모들은 다른 한 면은 부족할 수 있다. 모든 면에서 뛰어난 사람은 불가능하다고 보면 된다. 10가지 언행 중 9가지는 마음에 들지 않지만, 1가지가 뛰어나다면 이 1가지를 활용할 줄 아는 CEO가 되어야 한다. 중소기업에 제대로 된 참모가 없는 것은 참모의 인성과 역량의 탓도 있지만, 더 큰 이유는 CEO가 아닐까 생각한다.

{ 뜻을 거스르면 미운털 }

아니다 싶어도 반대를 할 수가 없어요

A 상무는 "중소기업의 임원은 경영자로 생각하면 곤란합니다. 실무자일 뿐입니다. 대기업 과장으로 있을 때가 더권한이 있었습니다"라고 말한다. CEO가 시키는 일을 해야한다. 오너라는 면도 있지만, 제품과 생산 과정, 거래처, 조직과 자금 현황 모든 면에서 CEO가 더 많이 알고 있다. 수많은 시행착오를 겪었기 때문에 모르는 것이 없는 듯하다. 생산현장의 문제가 발생했을 때, 현장의 장인이 해결하지 못한 일을 CEO가 해낸다. 사실 전사적 의사결정은 전부 CEO가 한다. 임원들은 CEO지시를 받아 수행하는 일의 결정을하는 수준이다.

CEO가 A회사와 M&A를 추진하기에 앞서 임원들을 소집

했다. 경쟁사인 A회사는 50% 이상 제품이 겹쳤기 때문에 M&A의 효과가 그렇게 높지 않았다. 임원들이 침묵으로 일관하자 CEO는 합병을 해서 규모를 키우는 것이 효과적이라고 강조한다. 생산담당인 A 상무는 제품의 50%가 중첩되기 때문에 잉여 설비와 직원의 문제가 발생하고, 매출을 늘려도 판매가 된다는 보장이 없다. 또한 중복되지 않는 제품에 대한 지식과 경험이 없어 핵심인력 퇴사 시 운영에 어려움이 있다고 합병을 반대했다. CEO는 자신의 말을 이해하지 못한다고 A 상무를 바로 경질했다. 이후 A회사와 M&A는 빠르게 진행되었고, 여러 문제점이 있어 회사가 손실을 볼 것이 눈에 보여도 반대하는 임원은 한 명도 없었다.

CEO의 뜻을 거스르면 한직에 머물게 된다

국가기관과 공기업은 상사와 뜻을 달리해도 길면 3년 동안 참으면 된다. 상사가 그 기간 안에 바뀐다. 하지만, 중소기업의 CEO와 부서장은 쉽게 바뀌지 않는다. 한 번 자신과 맞지 않는다 판단되면 중요한 일을 담당하여 성과를 내는 것은 쉽지 않다. 부가가치가 낮은 일반 반복 업무에 배치되거나, 소위 한직이라는 부서에 배치되어 잊혀진 존재가 된다.

성취욕이 강한 직원은 자신이 하는 일이 도전적이지 않거나, 낮은 가치의 일인 경우 자괴감에 빠지게 된다. 사기가 떨어진 직원에게 성과를 기대할 수 없다. CEO의 뜻과 다르다는 이유로, 일에 대한 자부심을 꺾거나, 저부가가치 업무를 담당하게 하는 것은 회사를 위해서도 큰 손실이다.

경영 TIP

CEO의 열린 마음과 직원의 장점을 활용하는 경영이 되어야 한다

기업은 한 사람이 잘한다고 성과를 낼 수 없다. 내 생각과 같지 않다고 눈에 띄게 미워하거나 배척한다면, 주변에 충언을 하는 사람은 없고 아첨만 하는 직원만 남게 된다.

CEO가 듣기 싫은 직원의 말에 귀를 기울여야 한다. 감정이 상하더라도 회사에 도움이 되는 일이라면 적극 지원해야 한다. 직원들이 가지고 있는 단점을 보기보다 장점을 보며 이를 활용하는 경영을 해야 한다. 내 회사이고 내 말을 따라야 한다는 생각을 갖고 있으면, 뛰어난 직원들은 한 명 두 명 떠나게 된다. 내 뜻을 거스른다고 미워하면 할수록 그들은 말없이 주어진 일만 하는 직원으로 전락한다.

{{ 내부지향적
지시 문화 }}

{ 사장님이 알면 좋을 수 없잖아? }

부서장만 모른다

팀 내 공공연하게 아는 일을 팀장만 모르는 경우가 많다. 같은 사무실에서 함께 일하지만, 팀원의 세세한 개인 일까지 팀장이 알 수가 없다. 팀장이 아무리 팀원과 사이좋게 지내도 팀장과 팀원은 거리가 있다. 팀원들끼리 더 부담 없이 이야기를 나눈다. 하물며 다른 팀, 본부, 회사로 범위가 넓어지면 소통은 더 어렵다. 정기적인 보고 채널을 통해 알게 되는 일은 그리 많지 않다. 매우 특별한 일은 보고되지만, 숨겨야 할 일, 보고해서 좋은 말 듣지 못할 일에 대해서는 말하지 않으면 상사입장에서는 모르게 되는 경우가 많다. 경영자는 항상 마음과 귀를 열어 놓으라고 하지만, 느끼고 듣지 못하는데 안다는 것은 쉽지 않다. 결국 믿고 맡기는 것이다.

내부지향적
지시 문화

영업본부의 중요 거래처 중 한 곳의 제안이 잘못되어 거래가 취소되게 생겼다. 영업본부장은 해당 팀장과 함께 동분서주하며 사건을 무마하려 노력했다. 거래처의 사장을 만나 잘못을 인정하고 거래가 성사될 수 있도록 최선을 다하겠다고 이야기했지만, 담당자가 잘못을 시인하지 않고 강압적인 태도를 보인 것이 빌미가 되어 기존의 거래까지 하지 않겠다고 한다. 여러 번 사정을 했지만 좀처럼 상황이 나아질 기미가 없었다. 영업팀장이 본부장에게 사장님께 말씀드려 해결방안을 모색하면 어떻겠냐 물었다. 본부장은 이것도 해결하지 못하고 무슨 영업을 하냐며 역정을 내고, 사장님이 알면 뭐 좋은 일 있겠느냐 하며 담당자를 다른 지역으로 돌리고 성실하고 우수한 김 대리에게 이번 일을 맡기라고 한다. CEO는 아무 것도 모르는 상태에서, 우연한 모임에서 거래처 사장으로부터 담당자의 무례와 회사의 잘못에 대한 이야기를 듣게 된다.

경영 TIP

안 좋은 일이 가장 먼저 보고되는 문화를 만들어야 한다

망하는 회사는 쉬쉬~하는 문화가 있다. '했다주의'와 '하는 체하는 모습'이 현장 이곳저곳에서 감지된다. 부서장들은 나쁜 내용은 다 제외하고 좋은 일만 보고한다. 현장은 어렵게 돌아가고 있는데 위에서는 잘 돌아가고 있다고 알고 있다. 현장의 사건사고 보고는 중간 관리자 선에서 차단되고, 현장에서 알아서 하라고 하며 책임지는 사람들이 없다. 경영진이 현장을 찾아 점검하고 이야기를 듣지 않는다. 사무실에 앉아 보고를 받으며 일을 처리한다. 현장을 찾지 않으니 현장이 어떤 상황에 있느냐는 보고를 통해 숫자로만 확인한다. 안 좋은 일이 차단되는 것을 모른다. 이러한 문화와 시스템이 지속되면 회사가 어려움에 처하면 급속하게 무너진다.

CEO부터 정기적, 비정기적으로 현장을 찾는 활동을 해야 한다. 시간이 없다면 전화로 현장의 생생한 음성을 들어야 한다. A회사의 사장은 매일 8시에 전국 공장의 공장장과 통화를 한다. 묻는 것은 안전, 직원 동향이 우선이다. 생산량, 불량, 자동화율 등 중요 지표에 대해서는 특이사항만 말하도록 한다. 안전과 직원 상태에 관심이 많으니 공장장들도 자연 신경을 쓰게 된다. 1주일에 한 곳은 반드시 방문을 한다. 가장 먼저 방문하는 곳은 노조 사무실이다. 노조위원장과 직원들과 이야기를 나누고 바로 현장을 방문한다. 현장 직원들의 일하는 모습을 보고, 휴식시간이 되면 함께 담소를 나눈다. 공장장과 부서장은 가장 늦게 만나 현황 이야기를 듣는다. 이때 가장 먼저 보고받는 것은 사건사고 및 안 좋은 내용이다. 대부분 전화로 이야기 들은 내용이지만, 현장에서 다시 한번 현황과 처리를 듣는다. 조치할 부분이 있으면 그 자리에서 지시를 내린다. 이 회사는 30년 무분규이다. 어려운 환경에는 노동조합이 임단협에 대한 모든 결정을 회사에 위임한다. 어려운 시기에 다양한 사안에 대해 경영층이 극복 방안을 마련해 실행해 나가는 것도 벅찬데, 임단협으로 신경 쓰이게 하고 싶지 않다는 것이 노조의 생각이다.

{ 왜 이 일에 대해 나만 몰라야 하는데? }

이 작은 회사에 너 일 내 일이 어디 있어?

중소기업은 업무분장과 R&R(역할과 책임)이 명확하게 구분되어 있지 않다. 생산, 영업과 같이 분명하게 구분된 일에도 거래처 관리, 구매 등의 업무에서 중첩되는 부분이 많다. 원재료 구매부터 영업과 경영지원이 모두 연계되어 있고, 해야 할 일에 비해 인원이 적기 때문에 한 사람이 여러 직무를 수행한다. 한 사람의 직무가 두 직군에 걸쳐 있는 것도 있다. 회계를 담당하는 A 과장은 생산의 생산원가를 담당하고, 영업의 판매원가, 회사 전체의 예산도 담당한다.

경영관리실장인 A 상무가 생산실에 와서 소리를 높인다. 자신만 빼고 회의를 했다는 것에 화가 난 모습이다. 생산실장은 그 안건은 생산현장 이슈이고 전사적 이슈가 될 일이 아니기 때문에 두 임원을 제외하고 현황 파악 수준에서 했다고 해도 화가 풀리지 않는 듯하다. "이 조그마한 회사에서 알 것 모를 것 뭐가 있느냐? 한 명이라도 머리를 모으면 더 낫지 않느냐?" 하며 다 함께 모여 논의하자는 말을 남기고 자리로 이동한다. 회사에서 일어나는 모든 일은 자신이 알고 있어야 한다는 것이 경영관리실장의 생각이다.

사장 입장에서는 몇 명과 의논하고 싶은 내용이 있다

사장이 전 임원과 토의할 안건이 있고, 몇 명만 모여 의견을 나누고 싶은 안건이 있다. 전체와 이야기할 때는 문제가 되지 않지만, 몇 명과 의논했을 때에는 항상 뒷담화 내지는 갈등이 생긴다. 큰 생각 없이 생산과 영업담당 임원만 불러서 M&A할 회사의 현황과 회사의 영업과 생산에 미치는 영향에 대해 물었다. 영업과 생산 모두 중복되는 제품이 많아 영향이 크기 때문에 반대 입장을 폈다. 이 M&A는 CEO의 회사 규모를 키우려는 생각에서 다소 무리가 있어도 실행할 계획이었다. CEO는 해서는 안 되는 이유와 M&A를 했을 때, 조기 정상화할 수 있는 방안을 금주 중 작성하여 다음 주 월요일 재미팅을 하자고 하고 미팅을 끝냈다. 영업과 생산담당 임원은 팀장을 불러 업무 지시를 했다. 이 일을 알게 된

내부지향적
지시 문화

경영관리 담당 A 상무는 이런 중요한 일에 자신이 소외된 것에 대해 몹시 실망했다. 전사 관점의 전략보고와 사업계획은 자신의 과제라 생각했는데, CEO가 생산과 영업담당 임원만 불러 지시를 내리는 것에 대해 여러 복잡한 생각이 들었다. 자신이 주가 되어야 할 일이 자신만 모르게 실행되는 현실에 떠나야 하는가 하는 생각도 갖게 되었다.

경영 TIP

CEO의 소통채널 구축과 일일 소통은 매우 중요하다

임원들이 한마음이 되어 협력관계를 가져가는 것은 당연한 듯하지만, 실상 더 어렵다. 직원에게는 아쉬운 소리도 하고 필요한 자료를 편하게 요청할 수 있지만, 임원들은 체면과 직책, 경쟁관계라는 미묘한 관계가 있어 부탁하는 일이 쉽지 않다. 임원들 간 공식 석상을 제외하고 정서적 소통은 쉽지 않다. 임원 간 현장의 소리가 상호 전달되어 공유되어야 하지만, 대부분 CEO에게만 보고하고 마무리한다. 수평적 정보교류나 자료의 전달은 특별한 계기가 아니면 알 수가 없다. 이를 방지하는 것이 소통채널 구축을 통한 적극적인 소통이다. A산업을 컨설팅하면서 가장 먼저 실행한 것이 바로 임원들 소통채널 구축이었다. 8시 반에 CEO와 임원들이 모여 당일 해야 할 3가지 중요한 업무와 지원사항을 공유하게 하였나. 각 임원들이 무엇을 하고 있는지 알 수 있있고 지원요청을 받은 임원은 답을 할 수밖에 없었다. 가장 큰 효과는 어느 부서에서 무슨 일을 하는가 알게 된 점이었다. 자기 부서만 힘든 줄 알았는데 타 부서도 힘들다는 것을 알았다 한다.

{ 끼리끼리 문화 속,
내 편이 아니면
힘들어요 }

외부와 싸워야 하는데 내부끼리 싸우고 있어요

A 상무와 B 상무는 사이가 안 좋은 정도가 아닌 앙숙이다. 사원시절부터 둘은 서로 앙숙인 상사 밑으로 들어가 혹독한 교육을 받았다. A 상무는 영업, B 상무는 경영관리에서 독보적인 역량과 성과를 보이며 같은 해에 팀장이 되었다. 영업으로 지방 근무하던 A 팀장이 서울 영업관리팀장으로 오면서 사이가 더 벌어지게 되었다. 경영관리팀장인 B 팀장이 영업 실적과 계획에 대해 문제를 제기하고 엄격한 잣대로 통제를 가했다. A 팀장 입장에서는 영업이 잘되도록 지원을 해줘도 부족한데, 뭔가 하려고 하면 예산에 없다는 등의 이유로 여러 번 못 하게 하니 답답함을 넘어 화가 났다. 실적이 좋은 영업팀에게 포상을 하기로 하고 이익의 일부를 인센티브

로 지급하는 것을 영업본부에서 결정하였다. 이것을 B 팀장이 승인하지 않아 영업본부장으로부터 이런 중요한 일을 사전 협의하지 않고 했느냐고 질책을 받기도 했다. 이후, A 팀장도 영업 관련 모든 정보와 자료 제공을 하지 않아 B 팀장을 힘들게 했다. 팀장의 갈등이 심해질수록 팀원들은 좌불안석이 되었다. 시간이 갈수록 팀 전체가 갈등 관계가 되었다. 작년 A 팀장은 영업본부장, B 팀장은 경영관리본부장이 되었다. 영업은 영업본부장, 관리는 경영관리본부장을 중심으로 똘똘 뭉쳤다. 경영관리팀의 C 과장은 영업담당이지만, 영업본부에 갈 수가 없다. 내부 시선도 의식하지 않을 수 없고, 영업본부에서도 C 과장에게 자료나 정보를 주는 것을 꺼린다. C 과장은 외부와 싸워도 부족한데, 내부끼리 이렇게 싸워 뭐가 되겠냐 하소연한다.

경력 입사한 D 팀장의 고민

D 팀장은 지난해 경력사원으로 경영관리팀장에 영입되어 입사했다. 이전 회사와는 사업, 제품, 일의 프로세스와 문화가 달라 많은 어려움이 있었다. 하지만, 가장 큰 어려움은 끼리끼리 문화였다. 임원과 팀장들 간의 편이 있었다. 초기 이러한 상황도 몰랐고, 누가 어느 편인가를 알지 못하는 상

황에서 열심히 하면 된다고 생각했다. 회식이나 주말 모임에 오라고 하면 사람은 알아둬야 한다는 생각으로 다 참석했다. 한 번은 팀원이 면담을 요청한다. 팀장님의 이중 행동으로 자신들이 곤란하다고 한다. 어느 편에 속할 것인가 결정하라고 한다. 이 편 저 편 따라다니면 양편에서 팽 당한다고 한다. 무슨 편이냐 물으니 임원부터 직원까지 포함된 편을 설명한다. 물론 중도에 선 직원들도 있지만, 이들은 승진이 어렵고 다소 영향력이 없는 부서에 근무한다고 한다. 전직장에서 학연, 지연, 혈연을 금지하였는데, 특정 사람을 중심으로 똘똘 뭉쳐 있고, 같은 편이 아니면 무조건 배척하는 이 문화에 D 팀장은 소신껏 편에 포함되지 않고 주어진 일에 최선을 다하기로 했다. 얼마 되지 않아 부서 간 협조가 안 되고 팀원들은 타 부서로 전배를 요청한다.

경영 TIP

부서장은 사심을 버려야 한다

부서장이 편을 나누어 갈등을 낳으면 회사는 빠르게 경쟁력을 잃게 된다. 기존 임원을 변화시키는 방법은 많지 않다. 결국 인적쇄신이 가장 효과적 방법이다. 다소 힘들 수 있지만, 편의 정점에 선 임원은 교체해야 한다. 선임되는 부서장은 전사적 관점에서 사심을 버리고 조직관리와 의사결정을 하는 사람으로 해야 한다. 회사 내 끼리끼리 문화를 조성하는 부서장이나 직원은 엄벌로 징계해야 한다. CEO가 모범을 보여야 한다. 중소기업의 끼리끼리 문화는 기존 임원과 영입 임원이 편이 나뉘지는 경향이 있다. 영입 임원은 기존 임원이 멘토가 되어 하나하나 알려줘야 한다.

봤다는 것이지 책임진다는 말이 아니다

"응, 알았어."

A 사장은 결재를 한 적이 없다. 그 누가 결재서류를 갖고 들어가도 설명을 듣고 궁금한 것은 물어보지만, 결재를 하지 않는다. 알았다고 한다. 대부분 본부장 결재만 된 상태에서 일이 추진된다.

제2공장을 건립하는 메가프로젝트를 추진하는 보고에도 역시 결재를 하지 않았다. 알았다는 말 한마디가 전부였다. 공장장은 2공장 부지를 돌아보고 설계를 S설계 전문회사에 의뢰했다. 여러 번의 설계가 수정되어 마무리 단계에 있을 시점에 경영환경이 급속도로 악화되었다. A 사장은 현재 추진하고 있는 신규 사업은 중단하라고 지시했다. 2공장 건립프로젝트도 중단되었다. 설계 회사와는 착수금만 지급한 상태에서 중도금 없이 최종 완료 시 대금을 지급하는 조건으로 되어 있었다. A 사장은 중단되었으니 더 이상의 대금 지급 없이 끝내라고 한다. S설계에서는 설계가 마무리 단계이고, 중단의 원인이 귀사에 있는 만큼 전액의 지급을 요구한다고 밝혔다. A 사장은 2공장 건립과 관련해 말은 들은 적이 있지만, 자신이 지시한 적이 없고, 설계에 대해서는 알지 못한다고 한다.

경영자가 책임질 일이 많다고 하지만…

기업을 운영하면 노무, 안전, 환경, 재무 등 경영자가 책임질 사항들이 많다. 자신이 전혀 알지 못해도 회사 내에서 안전 이슈로 사망 사고가 발생하면 경영자가 책임을 지게 된다. 많은 중소기업에서는 규모의 경제를 추구하기보다 크지도 않은 회사를 잘게 쪼개 여러 회사를 만들고 CEO를 임명한다. 여러 이유가 있지만, 법적 책임으로부터 벗어나려는 이유도 있다.

A기업의 경영회의에서는 의사결정을 할 때, 임원들이 CEO에게 이러이런 일을 추진하겠다고 보고한다. 특별한 일이 아니면 경영회의에서 CEO의 알았다는 말 한마디로 결정이 되고 추진된다. 보다 사업에 큰 영향을 주며 비용이 많이 수반되는 사안은 별도 보고서를 통해 개별 보고를 한다. 보

고서에는 결재란이 없다. 최근 전자결재 시스템을 운영하지만, CEO의 결재란은 없다. CEO는 임원들에게 자율경영을 강조한다.

최고경영자에 대한 존경은 신뢰에서 비롯된다

직원들이 최고경영자를 존경하는 것은 '그의 한마디 의사결정'이다. 보다 길고 멀리 바라보며 회사의 바람직한 모습을 직원들에게 보여주어야 한다. 방향과 전략 그리고 중점 과제가 무엇인지 결정하고 설명해야 한다. 최고경영자가 임원들이 생각하지 못한 차원이 다른 의사결정을 할 때, 직원들은 최고경영자의 존재를 인식하고 존경하게 된다. A산업이 30명이 되었을 당시 사옥을 짓기로 결정하였다. 임원들은 2층의 아담한 건물을 짓는 방안으로 보고했다. CEO는 당시 주변에 없는 20층 고층빌딩을 사옥으로 하자고 말한다. 회사의 성장세로 보면 조만간 5층 이상의 건물이 필요하게 될 것이며, 주변 회사들도 끌어 모으고, 20층 건물이 들어서면 새로운 상권이 형성되어 충분히 가치가 있다고 판단한 것이다. 10년이 지난 지금, 20층 이상의 건물이 주변에 많아 하나의 사무 단지가 형성되어 있다.

CEO의 말 한마디에 두려워하는 것은 그의 의사결정이 옳고 신뢰를 주기 때문이다. CEO의 지시에 '이 또한 지나간다'는 생각으로 대충 하는 시늉을 하거나, 찾지 않으면 하지 않는다면, CEO의 의사결정은 하나의 캠페인에 불과하다. 책임을 지려고 하지 않는 CEO를 누가 믿고 따르겠는가?

{ 사장님이 안 계시면 중요 회의를 안 해요 }

"야, 그 회의를 왜 하니? 다 바뀔 텐데."

A전자 CEO는 임직원으로부터는 이 분야 최고의 전문가로 인정받고 있다. 오너이며, 30년 넘게 이 분야에서 경영을 해왔을 뿐 아니라, 미국 대학의 전자공학 박사이기도 하다. 본부장들은 대학의 후배들로서, 처음 회사를 설립할 때 합류하였다. 이 회사는 매주 월요일 오전 9시에 특별한 일이 없는 한 경영회의를 실시한다. 경영관리실은 최소 1주 전 경영회의에 논의할 안건을 선정하고 CEO에게 보고한다. CEO는 임원들은 회사를 책임지는 매우 중요한 역할을 수행하는 만큼 임원의 시간을 성과 있게 사용하라는 이야기를 강조한다. 경영회의의 안건이 일반적이거나 수준이 낮으면 경영관리실장이 호출되기 때문에 관리팀장은 매주 안건을 선정하느라

스트레스가 대단하다.

경영회의는 산정된 안건발표로 시작된다. 통상 실장이나 팀장이 발표하게 된다. 15분 정도 발표를 하고 실장들의 질문에 대답하는 형태이지만, 실장들의 질문은 없다. 타 실의 업무에 개입하기 싫어하는 입장도 있지만, 각자의 일은 각자가 해야 한다는 생각이다. 잠시 침묵이 흐른 후, CEO의 지시가 시작된다. 얻고자 하는 바가 궁극적으로 무엇이냐, 회사에 어떤 성과를 주느냐, 마감 기간 안에 끝내기 위해 지원해 줘야 할 일이 무엇이냐, 타 부서와는 어떻게 협조를 받을 것이냐, 최종적으로 무엇으로 평가받을 것이냐 등 질문이 이어진다. 발표자는 연신 긴장된 음성으로 답변을 하나, 준비된 질문이 아니기 때문에 어떤 질문에 대해서는 동문서답하는 경우가 많다. CEO는 대답이 시원하지 않거나, 뭔가 믿음이 가지 않으면 다시 보고하라고 한다. 경영회의에 보고하기 위해 많은 노력을 했는데, 재보고는 여러 어려움이 많아 사실상 어렵다는 것을 알지만, 그 누구도 지원해 주지 않는다. 하물며 해당 실장도 발표 내용보다는 발표 그 자체가 못마땅한지 연신 표정이 좋지 못하다. 다음 안건으로 넘어가며 보고를 듣고 결정을 하는 사람은 오직 CEO 한 명이다.

최근 제품 개발을 위해 CEO의 출장이 잦아졌다. CEO는 경영관리실장에게 경영회의를 주관하라고 하며 출장을 가지

내부지향적
지시 문화

만, 경영회의는 하되, 발표되는 안건은 공유사항 수준이다. 의사결정을 할 만한 주제는 하나도 없다. 경영관리실에서 의사결정이 필요한 사항을 올리면, 대표이사도 안 계신데, 이런 안건은 토론도 되지 않을뿐더러 결정을 할 수 없다며 다들 다음 주에 하자고 한다. 각 실에서 하고 있는 업무를 소개하는 수준으로 경영회의를 마치게 되고, 모든 실장들은 CEO가 빨리 출근하기를 기다린다. 보고하여 결정할 사안들이 쌓여 있기 때문이다. CEO가 1주만 해외출장을 가면 중요업무는 마비라고 보면 정확하다. CEO는 사무실 복귀 후 온갖 보고서에 치여 정작 중요한 일에 몰입할 수가 없다. 갈수록 장기간 출장 가는 일 자체가 어렵게 느껴진다.

경영 TIP

보고 하나만 바꿔도 문화가 달라진다

CEO가 최종 의사결정을 하는 것은 맞다. 하지만, 모든 사안에 의사결정을 하면 CEO는 날이 갈수록 지치고 힘들어진다. 임원들은 CEO에게 보고를 하면 자신의 책임을 다한 것처럼 생각한다. CEO가 없으면 의사결정을 할 사안 자체를 만들지 않거나, 하려고 하시 않나. 임원들이 고민하지 않으면 회사는 성과를 낼 수가 없다. 일의 얻고자 하는 바를 명확하게 알고, 조감도를 그리며 계획을 갖고 추진하도록 해야 한다. CEO가 있든 없든 자신의 일에 대해 주도적으로 이끌어 가고, 일의 최종 결과물에 확신이 있어야 한다. 일의 프로세스에 맞도록 담당자를 정해 업무분장이 분명해야 한다.

모든 보고는 2개안 이상의 대안을 만들어 그중 하나를 최종 선택하도록 하고, 추진 일정을 담도록 그라운드 룰로 만들면 매우 효과적이다.

내부지향적
지시 문화

{ 아이디어 낸 사람이 일하게 된다 }

아니, 제가요?

김 팀장은 순간 눈앞이 노랗다. 목요일 오후, A프로젝트에 대한 아이디어 수집 회의에서 아무도 아이디어를 내지 않는다. 책상만 바라보거나 시키면 마지못해 이렇게 하면 어떻겠는가 정도의 수준 낮은 응답뿐이다. 답답해하는 본부장에게 김 팀장은 짧지만 논리를 가지고 생각을 주장했다. 순간 박수가 터져 나오고 본부장은 좋은 아이디어라고 칭찬하면서, "다음 주 월요일 보고서로 보자"며 회의를 종료한다. 자신의 의견은 말 그대로 경험이 아닌 아이디어 수준이었으나, 3일밖에 남지 않은 일정 속에 한 달 이상을 고민하고 정리해도 될까 우려되는 과제를 끝내라 한다. 회의에서 말 한마디 않고 부서에 간 A 팀장 팀원들의 환호성 소리가 들린다. 김 팀장은 다음부터는 내가 회의에서 말 한마디 하나 보자 하며 사무실로 향한다.

아무리 생각해도 바보였다는 후회와 도저히 끝낼 수 없다는 판단이 들었다. 본부장을 찾아갔으나, "김 팀장이 아이디어를 내고 자신한 만큼 할 수 있잖아요? 해 보고 이야기하자"며 마치 크게 잘못한 사람인 양 몰아붙인다. 김 팀장은 할 수밖에 없다는 판단이 섰다. 문제는 토요일 동창과의 산행과 일요일 종교행사 및 가족모임을 어떻게 취소할까 심란하다. 또한, 휴일까지 반납해서 한다 한들 끝날 것 같지가 않다. 무엇보다도 팀원들이 이 일을 할까 하는 불안감이 엄습한다. 지난 프로젝트도 이와 비슷한 상황에서 김 팀장에게 떨어져 팀원들이 불만 가득한 표정으로 한 적이 있다. 보고서 작성을 위해서는 주말은 무조건 반납인데, 이 과장은 지난달부터 금주는 친구들과 5년 만의 행사가 기대된다며 자랑을 해 온 지라 차마 나와 달라고 할 수가 없다. 팀원 한 명 한 명이 다 사연이 있을 텐데, 도와 달라고 하기가 곤란했다. 혼자 작성할 보고서라면 본인이 출근해 다 작성하겠는데, 전원이 매달려도 월요일까지 끝내는 것은 무리였다. 김 팀장의 근심은 깊어만 간다.

회의 원칙이 있고 지켜져야 한다

회의를 하면 아이디어를 낸 사람에 대한 인정이 적다. 임직원으로서 당연히 할 일을 했다고 생각한다. 좋은 아이디어를 냈기 때문에 그것에 대한 마무리도 잘할 것이라는 막연한 기대를 한다. 어려운 일 있으면 언제든지 자기를 찾아오라고 하지만, 찾아가는 사람은 없다. 자신은 젊었을 때, 회사 바닥에 매트리스 깔고 기술을 배우기 위해 잠을 설쳤다며 자랑을 한다. 회사에 대한 주인의식이 있으면, 못 할 것이 없다고 한다. 새로운 아이디어를 낼 뿐만 아니라, 이를 실용화하여 성과를 창출하라고 한다. 이러한 발상과 행동이 회사를 보이지 않게 멍들게 한다. 임직원들이 자발적이고 주도적으로 일을 하는 성숙한 문화라면 모르지만, 기대하기 어렵다면 시스템을 통해 룰을 정하고 지켜지도록 해야 한다.

하나의 방법이 회의 원칙이다. 회의 시작 전 원칙으로 사전 공지, 기여할 사람만 참여, 사전 준비 등이 있다. 회의 진행 원칙으로 시간 준수, 주관자의 진행 요령, 아젠다 중심의 토의, 비방 금지, 시간 내 결론 도출, 담당자 선정 등이다. 회의 종료 후 원칙으로는 회의장 정리, 회의록 전달 등이다. 어떠한 회의 원칙이 있다면 최고 경영진부터 이러한 원칙을 지켜야 한다.

{ 결론 없는 회의 }

회사가 아닌 자기 입장만 생각한다

A회사 개발팀장의 마음은 급하다. 경쟁회사가 기능을 완벽하게 바꾼 신제품을 개발하여 3개월 후 출시를 준비하고 있다는 정보를 습득했다. 이 제품이 나오면, 시장의 판도를 바꿀 수 있는 큰 사건이었다. 개발팀장은 급히 본부장에게 요청하여 경영회의를 소집하였다. 본부장들은 갑자기 소집되는 회의에 불만이 많은 듯, 회의는 정시보다 10여 분 늦게 시작되었다.

3개월 후에 출시되는 경쟁사의 제품에 어떻게 대응해야 하는가? 새로운 제품을 지금 개발할 것인가? 기존 제품의 마케팅을 강화할 것인가? 의견만 분분할 뿐 결론이 나지 않는다. 개발본부장은 회사에 미치는 영향과 향후 대책에 대한

안을 간략하게 제시하였다. 사안의 심각성을 알고 있는 듯, 아무도 이야기를 하지 않고 침묵이 흘렀다. 2~3분이 흐른 후, 생산본부장이 신제품이 개발되어도, 신상품이 나올 때까지 3개월은 물리적으로 불가능하다고 난색을 표한다. 영업본부장도 지속적으로 시장을 개척하겠지만, 지금 당장 포화된 시장의 확대는 어렵다는 입장이었다. 비용 문제가 거론이 되고, 경쟁사가 이런 연구를 하고 있는 동안 무엇을 하고 있었냐는 질책성 질문이 쏟아졌다. 1시간 넘게 회의가 흐른 후, CEO가 급한 약속이 있다며, 본부장들이 의사결정하고 최종 결과를 알려달라는 말을 남기고 자리를 비웠다. 본부장들도 이런 저런 이야기하다가 각자 안을 마련하여 다시 모이자고 하며 회의를 마쳤다.

하루 종일 회의뿐이다

매일 회의를 하고 대안을 만들고, 수정을 계속한다. 월요일 경영회의, 화요일 팀회의, 수요일 본부장회의, 목요일 팀장회의, 금요일 주가회의가 있다. 중간 중간 원가대책회의, 안전회의, 생산판매회의, 가격결정회의, 인사회의 등 팀장과 본부장의 일과는 전부 회의의 연속이다. 다음 주 월요일 경영회의에서 각 본부의 안들이 발표되었지만, 전사적 입장보다는 각 본부의 입장만 있을 뿐이었다. 회의만 많지 결정은 나지 않고 어느 순간 기존에 결정되지 않은 사안은 우선순위에 밀려 잊혀져 버린다. 사건이 터지거나 상황이 좋지 않으면 또 대책회의를 한다. 사전에 조치되는 안들이 없다. 문제가 발생한 다음 대책회의만 있을 뿐이다. 이 또한 회의를 통해 의사결정이 되는 것이 아닌 담당 부서나 담당자가 할 뿐이다.

경영 TIP

회의의 순서 하나만 바꿨을 뿐인데…

A회사와 다른 기업을 보자. 이곳의 모든 회의는 이전 회의에서 하기로 한 사안 중 미실시된 사안을 가장 먼저 발표하는 것으로 시작된다. 해당 부서장이 왜 해결하지 못했는지 밝히고, 언제까지 하겠다고 말한다. 마지막으로 그날 회의 안건에 대해 누가 언제까지 할 것인가를 정해 공표하며 마무리된다. 이 회사는 회의를 하면 반드시 결론이 난다. 이 회사에서 회의는 일이다. 사적 대화와 지각이란 생각할 수가 없다. 항상 정시에 시작하여 대부분 정시 전에 마무리된다. 모든 회의 결과는 참여자에게 3시간 이내에 공유된다.

무슨 말을 못 해요 5호 담당제이거든요

취지는 알지만, 함께 가자는 것이 아니다

공장에서 20년간 근무한 이 계장은 요즘 술 동무가 없다. 3년 전만 해도 이 계장은 야간근무가 끝나면 동료들과 어울려 모닝주를 마시고 간밤의 피곤함을 잊을 수 있었다. 3시에 근무가 끝나는 날에는 기다려 사무실 직원과도 한 잔을 하면서 회사에 관해, 상사에 관해 이런 저런 이야기를 나누며 정을 쌓기도 했다.

새로운 공장장이 부임해 오면서 분위기가 바뀌었다. 공장장은 공장 분위기가 너무 해이하다고 판단하고, 이를 바로잡기 위해서는 기본 지키기가 최우선이라고 강조했다. 기본 지키기의 첫째는 시간 지키기였다. 출근시간과 퇴근시간은 기본이며, 점심시간 및 회의시간을 철저히 통제하였다. 회의

시간에 1분이라도 늦으면 한 사람으로 인하여 회의 자체를 무산시켜 버렸다. 식당에는 11시 50분부터 식사를 시작하는 직원들을 볼 수 있었으나, 12시에 식당문을 개방하기 때문에 문 앞에 줄 서있는 진풍경을 보게 되었다. 둘째는 안전관리였다. 안전은 최고의 가치라며 안전에 위배되는 모든 행동을 강력하게 통제하였다. 아무리 더워도 사무실을 나서는 순간 한 명의 예외도 없이 안전모를 착용해야 한다. 안전수칙을 정해 전원이 구호를 외친 후 현장에 나간다. 음주 측정기를 설치하여 측정치를 넘는 사람은 바로 징계처리를 했다. 공장 정문에 음주 측정기를 여러 대 설치하여 들어오는 모든 사람을 측정했다. 워낙 처벌이 강하다 보니 노동조합에서도 그 취지는 인정하지만 징계는 심하다고 주장했으나, 근본정신이 잘못되었다며 일언지하에 묵살했다. 셋째가 생산성 강화였다. 근무시간에는 근무에만 매진하고 저가치한 업무에 대해서는 개선해 나가라고 하면서 추진한 활동이 매주 1 제안하기, 업무 매뉴얼 정비 및 긍정 마인드 갖기였다. 이 중에 긍정 마인드 갖기와 관련해서는 다면평가를 통해 부서 내 불평불만을 하거나, 남 탓하기, 팀워크 저해 등에 있어서 가장 낮은 점수를 받은 사람에 대해 별도 교육을 시키고, 현장의 팀장에게는 이런 사람에 대해서는 보고하라고 지시했다.

처음 한 달 동안 보고서를 제출한 팀장은 없었다. 공장장은 전 팀장을 불러 놓고, 우리 회사는 불평불만이 없고 모두 다 맡은 바 역할을 다하고 있냐고 묻고, 그런데 왜 생산성이 낮아지며, 현장에서는 불필요한 상사 흉보기가 많냐며 1주일에 한 건 이상은 의무적으로 제출하라고 강한 지시를 내렸다. 한두 곳에서 보고가 이어지며, 보고한 팀장들은 칭찬을 받고, 보고하지 않는 팀장들은 질책뿐 아니라 수시로 감사팀의 진단을 받다 보니, 이제는 누가 무슨 말만 하면 전부 보고되는 현상이 일어났다.

회사에서 공적 이야기가 아니면 입을 다문다. 술을 먹고 싶으면 회사 동료가 아닌 지인들과 1:1로 마신다. 이 경우에도 회사 이야기는 하지도 않는다. 하루 중 가장 많은 시간을 보내는 회사는 그냥 일하는 곳이 되어 버렸다.

경영 TIP

회사는 일의 자부심을 가지고 즐거운 곳이 되어야 한다

기본 지키기는 중요하며 전 임직원이 지켜야 한다. 하지만, 기본 지키기와 긍정 마인드 갖기 등의 전사 활동은 얻고자 하는 바가 무엇인지 정확히 알고, 그것이 조직과 임직원을 성장시키고 회사의 성장에 기여해야 한다. 사람은 기계가 아니다. 너무 기계적으로 운영하면 얻고자 하는 것이 아닌 규제에 따른 갈등과 반발을 살 뿐이다. 긍정마인드 운동을 위해 불만을 토로하는 사람을 적발하고 의무적으로 보고하게 하는 방법은 조직과 구성원들의 신뢰를 무너뜨린다. 단점을 개선하거나 없애는 것도 한 방법이지만, 장점을 찾아 홍보하고 강화하는 강점강화전략이 회사 성장에 더 큰 효과를 가져온다. 많은 중소기업의 취업규칙을 보면 안 된다는 규정이 많다. 출근시간부터 업무 중 휴식까지 규정을 만들어 규제한다. 이런 상황이 발생했을 때, 회사의 규정위반으로 처벌을 용이하게 하겠다는 의도도 있다. 반면에 이런 규정을 보고 설명을 듣는다면, 회사에 대한 신뢰가 생기겠는가?

공식 보고보다 비공식 보고를 선호한다

내가 들은 내용과 다른데…

노사업무를 담당하는 A 팀장은 일일보고를 통해 각 사업장의 현황과 이슈를 본부장에게 보고한다. 대부분 어느 사업장에서 무슨 일이 있었으며, 특이사항 중심의 동향보고이다. A 팀장은 이를 위해 각 사업장 담당자의 지원을 받아 매일 17시까지 자료를 전송받고, 밤에 일어난 이슈에 대해서는 문서를 보고하기 직전에 중요성을 따져 포함시킨다.

평소 본부장은 각 사업장에 관심이 많다. 회사는 화학 물질을 취급하는 업의 특성으로 인해, 안전이 최고 가치이다. 매일 안전 최우선주의로 가다 보니 관리자와 경영자는 현장에서 많이 생활하며, 현장 중심의 의사결정을 한다. 본부장은 일일보고를 보며 A현장은 이런 일이 발생했는데, 알고 있냐고 생산팀장에게 묻는다. 모른다고 하면 이 일이 얼마나 중요한 일인데 팀장이 모르고 있냐며 현장 관리를 잘하라며 질책한다. 현장에 연락을 취해 본부장이 이야기한 것을 문의하면, 모르고 있거나, 큰 의미를 두지 않았다고 이야기한다. 며칠 후 B현장도 마찬가지이다. 현장에서 파악한 것과 본부장이 파악한 것 사이에는 인식의 차가 있었다.

팀장 승진발표가 있고, 이에 대한 모니터링을 실시하였다. 보고는 대체적으로 긍정적이었다. 팀장 승진자의 연령이 젊어지고 있으며, 능력과 성과가 높은 사람들이 발탁되었다는 의견을 담고 있다. 그러나, 본부장의 의견은 달랐다. A본부의 홍길동 팀장은 평소 승부욕이 강해 조직에 무리를 주는 사람이었는데, 이번에 팀장이 되다 보니 구성원들이 전배를 검토하는 등 마음을 조이고 있다고 한다. B본부에서는 팀장 중에 해임된 사람들이 전부 B 본부장과 관계가 좋지 않은 사람들로서, 회사에 대한 로열티가 강하고 구성원들에게 신뢰가 높지만, 사업부장의 성과지향적, 저돌적, 자기 중심형 리더십에 반한 사람들이라고 한다. 다른 사업장도 전반적으로 이번 팀장인사에 문제가 있다고 보고 있다. 심한 경우, 승진의 원칙과 기준을 모르겠다며, 인사가 이렇게 자신이 원하는 사람들을 비밀리에 승진시키면 누가 회사를 믿고 일하겠느냐는 이야기를 한다. 본부장은 인사파트가 자신의 일을 자신들이 점검을 하다 보니 인사에 나쁜 이야기는 다 제외되는 것 아니냐며 고민해 보라고 한다.

일일보고에 왜 이런 사건이 누락되었냐고 아침부터 호통이다. 간밤에 A현장에서 생산직원이 술에 취해 반장과 시비가 있었는데 이것이 말이 되냐며 왜 이런 보고는 올라오지 않느냐고 한다. 급히 A현장에 문의하니, 생산직원이 출근 전 두 잔의 술을 마신 것은 사실이지만, 반장과 시비가 있었던 것은 아니었다. 공정상에 문제가 예상되어 반장에게 이야기했고, 그 조치방법이 다르기 때문에 서로 자신의 주장을 목소리 높여 이야기하는 과정을 주위에서 보면 싸우는 모습으로 비쳐졌다고 한다. 결국 생산직원의 의견이 받아들여져서 공정이슈가 해결되었다는 내용이었다. A현장에서는 역으로 비선라인을 통해 조사할 것이면, 자신들은 향후 일일보고를 하지 않겠다고 한다. 본부장에게 보고하니, 올바른 의사결정을 하기 위해서는 위로 올라갈수록 비선라인도 중요하다며 가보라고 한다.

현장 이슈는 현장 완결형 문화를 만들어 가야 한다

현장의 문제가 현장을 떠나 다른 부서나 인원에게 전달되어 회사 전체가 알게 된다면, 현장 부서장 입장에서는 곤욕스럽기 그지없다. 반대로, 현장의 문제가 해결되지 않고 현장 내에서 쉬쉬하는 것도 회사에 큰 부담이 될 수 있다. 소통에도 성숙함이 필요하다. 첫째, 내 조직의 이슈는 내 조직에서 해결한다는 의식이 필요하다. 사소한 문제까지 타 부서나 타인에게 이야기하는 것이 해결에 도움이 되지 않는다. 둘째, 안 좋은 일이나 처리할 수 없는 일에 대한 신속한 상급자 보고가 체계화되어야 한다. 쉬쉬하는 문화가 아닌 보고체계에 의해 신속하게 보고만 되어도 손실을 최소화할 수 있다. 회사의 불미스러운 사건이나 사고 시 가장 먼저 하는 일은 대내외 소통 창구의 단일화이다.

기업은 한 사람의 회사가 아닌 함께 노력하여 성장시켜 가야 하는 곳이다. 별 생각 없이 던진 한마디가 갈등의 원인이 되고, 신뢰를 무너트리고, 해결할 수 없는 큰 사건이 되는 경우가 있다. 성숙한 조직문화가 갈수록 중요시되는 이유이기도 하다.

내부지향적
지시 문화

{ 신뢰할 수가 없어요 }

그렇게 하라고 했잖아요?

중소기업을 운영하는 A 사장의 고민은 소통이다. 생산 직원을 포함하여 150여 명 수준의 인력이 있을 뿐인데, 자신이 지시한 사항이 왜곡되거나 올바르게 조치되지 않는다. A를 지시했으면 현장에서 A가 추진되어야 하는데, 현장에 가 보면 A-또는 B로 일들이 실행되고 있다.

A 사장은 현장 작업 주임들을 불러 놓고 왜 일이 B로 되었는가를 물어보았다. 작업 주임들이 해석하는 일의 내용들이 약간씩 차이가 있었다. 특히 마감 날짜는 일치하지 않았다. 각자 다르게 해석하고 있었다. 현장 과장을 불러 어떻게 지시했는가를 물으니 생산담당 A 상무가 지시한 사항은 A이고, 생산팀장이 지시한 사항은 A-로 약간의 갭이 있었다고

한다. 이 차이에 대해 현장의 입장을 고려하여 지금처럼 처리했다고 한다. 생산팀장을 불러 왜 A를 A-로 지시했냐고 하니 생산담당의 지시였다고 한다. 생산담당 A 상무를 불러 어떻게 지시했냐고 물었다. 자신이 지시한 것 중에 한 가지가 빠진 것 이외에는 다른 부분이 없었다. A 사장은 향후 모든 지시사항은 지시를 내린 사람과 지시를 받은 사람이 모두 기록하라고 했다.

2개월 정도가 지났다. A 사장은 이대로 가면 회사가 어렵게 될 수 있다는 판단이 되었다. 보고내용을 전부 기록하라는 지시가 있고 난 후부터는 시킨 업무지시는 수행되지만, 자발적으로 업무를 수행하는 노력이 현저하게 줄었다. 더 이상의 책임을 지지 않으려는 경향이 나타났으며, 무엇보다 지시를 내리는 사람이 도전적 업무 지시를 내리지 않았다. 회사가 현상 유지 수준도 되지 않는 성과를 내고 있었다. A 사장은 전 임원을 모아 하반기 목표를 대폭 상향하고 각 조직에서 달성전략과 방안을 수립하여 보고하라고 지시했다. 하반기 목표를 받아든 모든 조직은 현실적으로 달성 불가능하다는 불만만 토로했다. A 상무는 사장님 지시사항이라며 높은 수준의 목표를 세우고 언제까지 전략과 방안을 마련해 보고해 달라고 요청했다. 생산팀장은 현장 과장들을 전원 소집하여 동일한 내용을 전달했다. 현장 과장들은 목표를 달성하기 위해서는 어느 정도 수준에서 어떻게 할 것인가에 대한 전략이 선행해야 한다며, 어떤 전략을 생각하고 있느냐고 묻는다. 생산팀장이 A 상무에게 동일한 질문을 하자, 그것은 생산팀장이 해야 할 일이라고 한다. 생산팀장은 자신의 생각을 정리하여 각 생산과장에게 전략과 추진 방안을 지시했다. 각 생산 과장들은 전부 노트에 기록해 놓았다.

　1주일 후, A 상무는 현장을 돌다가 생산과장들이 작업을 수행하는 모습을 보며 깜짝 놀랐다. 자신이 생각하고 있는 방안들이 추진되는 것이 아닌, 현장의 정서와 업의 특성을 전혀 고려하지 않은 방안들이 검토되고 있었다. 이 상무는 급히 그 일이 아니라고 중단시키고 자초지종을 들었다. 생산팀장의 지시사항이 노트에 적혀 있었다. A 상무는 생산팀장을 불러 왜 일을 그렇게 했냐고 하니, 자신의 능력과 역량을 믿고 알아서 하라고 하지 않았느냐고 말한다. A 상무는 다음 날 보고할 생각에 답답해졌다.

상사와 일일 미팅은 매우 중요하다

자율적으로 일하는 데 반드시 따르는 것이 책임이다. 여기에는 두 가지 전제가 있다. 조직이나 구성원이 스스로 알아서 하는 자율권을 줄 만큼 성숙한가? 충분한 인성과 역량을 갖추었다 해도 목표와 그 결과물이 일치하느냐? 이다. 팀장과 팀원이 동상이몽이라면, 자율을 주어도 책임감 있게 일하지 못할 것이며, 그 결과는 성과와 연계되지 않을 것이다.

요즘 팀장들을 보면, 내리 사랑은 있어도 치사랑은 적은 듯하다. 팀원들이 팀장을 위해 일하기를 바란다면, 팀장도 상사를 위해 일을 해야 한다. 적어도 그날 자신이 해야 하는 중요한 일은 상사가 알아야 한다. 굳이 일일보고가 아니더라도 상사와 현재 일이 처리되고 있는 상황, 팀원들의 상태, 금일의 결과물, 2~3일 안에 결정해야 할 일들에 대해 가벼운 티타임을 갖는 것이 매우 중요하다.

보다 나은
내일을 위하여

{ 재택 시대, 성과를 올리는 근무 원칙 }

　재택근무가 길어지며 팀장의 근심도 깊어 간다. 어려운 상황이다. 하지만, 회사는 지속성장해야 하며 실적을 내야 한다. 재택근무라고 사무실에 직원들은 보이지 않고, CEO와 임원들은 매일매일 새로운 지시를 내린다. 팀장은 할 일은 쌓이고 바로바로 모여 업무분장을 할 수 없어, 화상대화, 문자, 메일, 카톡으로 요청을 하지만, 직접 만나 대화하는 것과는 온도차가 크다. 매일 일정 시간을 정해 화상회의를 하고, 업무에 대한 추진 상황을 공유하지만, 결과물이 기대 수준보다 높지 않다.

위기의 시대, 무엇을 준비하고 어떻게 성과를 올릴까?

첫째, 팀장으로 바람직한 모습의 형상화와 할 수 있다는 자부심이 우선이다. 어깨가 축 처져 있는 팀장에게 무엇을 기대할까? 가슴을 펴고 '달성해 웃는 자신의 모습'을 형상화하고 자신의 강점을 더 차별화하는 '실력 있는 나'를 이끄는 것이다.

둘째, 함께하는 사람의 역량 향상과 동기부여이다. 지금은 바쁠 때 하지 못한 역량 강화의 절호의 기회라 생각하고, 팀과 팀원의 현 수준과 한 단계 높은 역량을 키워주는 것이다. 이러한 역량 향상이 문제를 직시하고 소통과 협력으로 결정을 내리고 해결하며 변화를 이끌도록 악착같이 뛰게 될 것이다.

셋째, 위기의 환경을 정확히 읽고 선제적 조치를 취하는 것이다. 현재의 위기 원인을 분석하고 대안을 만들고 최선안을 택해야 한다. 마냥 기다리며 '누군가 구제해 주겠지' 안주할 수 없다. 악착같이 실행해 성과 내는 문화를 만들어내야 한다.

재택시대, 근무원칙을 정해 지켜 나가는 것이 중요하다

1) 매일 일정 시간 업무 추진과 정보 공유의 시간을 가져야 한다.
2) 매주 개별로 자신의 목표와 결과물을 중심으로 부서장

과 20분 정도 미팅을 한다. 직원이 월요일에 자신의 목표, 추진일정, 결과물을 이야기하고 금요일은 결과를 간략하게 말하게 한다. 부서장은 피드백을 하고 애로사항을 듣는다.

3) 번개 미팅 예약제를 활용하면 매우 유효하다. 아이디어, 지원 요청 등에 대해 번개미팅을 예약하고 전원이 그 시간은 최대한 참여하는 방법이다.

4) 회의의 원칙을 정한다. 한자리에 모여 대면 회의가 아니라 불편하지만, 채팅과 음성 기능을 통해 충분히 효율적으로 가져갈 수 있다. 일방적 통보, 침묵 일관, 사전 준비 부족, 지각 및 결론 없는 회의가 되지 않도록 상호 더 적극 참여하고 노력해야 한다.

어려운 시기, 불필요한 언행으로 신뢰를 잃는 일이 없어야 한다. 재택근무도 진정성을 갖고 관심 가져주며, 맡은 일은 완벽히 처리하고, 조금 더 배려하면, 세월이 지난 후 아름다운 추억으로 기억되지 않을까?

보다 나은
내일을 위하여

조직을 병들게 하는 사소한 행동 10가지

한마디 말에 힘이 쭉 빠진다

개강이 되어 첫 수업에 대한 기대가 크다. 학생 한 명 한 명의 사진을 보며, 이번 학기는 이 수준으로 가져가겠다는 각오를 다지고 연단에 오른다. 학습 목표와 15주 학습 내용을 설명하며 매주 3명의 학생에게 발표를 하도록 하겠다는 말을 하는 순간, "이런 것 좀 안 했으면 좋겠다"란 한 학생의 말에 교실은 초토화된다.

"발표가 그렇게 싫나요?" 하고 물으니 아무도 대답이 없다. 이미 첫 수업에 대한 기대와 바람직한 모습까지 가겠다는 각오는 이 한마디로 인하여 산산조각 되어 버린다.

직장에서도 마찬가지이다.

회의를 하면서 아무도 말이 없다. 속으로는 빨리 결론내거나 또는 지시하고 끝내라는 표정이다. 말을 하다가 "이 과장, 이 과장은 어떻게 생각해?" 하고 물으니, "이런 질문 안 했으면 좋겠습니다."란 말에 팀원들의 표정은 굳어지며 모두 내 표정만 바라본다.

조직을 병들게 하는 사소한 행동 10가지는 무엇일까?

첫째, "그거 다 해 본 거야."

조직은 개선 또는 도전과제로 평가를 받는다. 뭔가 새로운 일을 하려고 하면 "그거 다 옛날에 해 본 거야.", "해 봤는데 실패했어." 하며 단정적으로 싹을 잘라버리는 상사의 말에 움츠리게 된다.

둘째, 미팅에 의도적 2분 지각, 팔짱을 끼거나 한숨을 내쉰다.

정시 시작이라는 팀의 그라운드 룰이 있는데, 항상 2분 정도 늦는 팀원. 모두가 열띤 토론을 하고 있는데, 가운데 팔짱을 끼고 관망을 하거나 한숨을 내쉬는 팀원을 보면 맥이 빠진다.

셋째, 일을 부탁하면 항상 "그것이 제 일인가요?"를 묻는다.

명확한 직무분장이 되어 누구나 그 일은 누구 일이라는 것을 안다면 갈등이 생길 가능성이 적다. 하지만, 조직의 일이란 함께 해야 할 공동업무와 구분을 정하기 어려운 수명과제가 많다. 이러한 일을 부탁할 때마다 "왜 제가 이 일을 해야 하나요?", "이 일이 제 일인가요?" 하면 부탁하는 사람도 지켜보는 사람도 힘들다.

넷째, 자세가 삐딱하고 딴 곳을 본다.

업무 미팅이나 지시 때, 삐딱하게 앉거나 서 있고, 말하는 사람에 집중하지 못하고 시계를 보거나 자꾸 창밖 등 다른 곳을 보는 팀원을 보면 말하기도 그렇고 안 하기도 그런 불편한 순간이 된다.

다섯째, 말하는데 휴대폰을 본다.

말하고 있는데 휴대폰을 보고 있는 팀원을 보면 무슨 생각이 나겠는가? 성질이 불 같은 조직장은 가만있지 않았을 것이다.

여섯째, 동료의 부탁에 대꾸조차 않는다.

조직의 일은 결코 혼자 할 수 없다. 함께 해야 하는데 자신의 일이 아니면 신경도 쓰지 않고 그 어떠한 요청에 반응조차 하지 않는 한 명만 있으면 팀워크는 결코 활성화되지 않는다.

일곱째, 영혼 없는 인사, 이야기가 일상화되어 있다.

출근하면서 허공을 바라보거나 자신의 자리를 바라보며 무표정하게 "안녕하세요." 한다. 영혼 없는 인사이다. 점심 시간이 되어 나가면서 "점심 약속 있어요?" 묻고는 대답도 듣기 전에 그냥 가버린다. 사무실의 대화는 있는데 알맹이가 없는 무의미한 이야기가 이어진다. 영혼 없는 일을 하고 있지는 않은가?

여덟째, 의견을 말하지 않는다.

회의 시간, 팀장은 마음이 급하다. 성격이 불 같은 사장의 지시를 빨리 수행해야 하는데, 의견을 내라는 말을 여러 번 했지만 다들 고개를 숙이고 책상만 본다. 결국 참지 못하고 김 부장에게 말하라고 하니, 말도 되지 않는 의견을 제시한다. 그리고 자신은 의무를 다했다는 듯 다른 팀원을 바라본다. 팀원들은 다 알고 있다. 누군가 그럴 듯한 의견을 제시하면, 그거 좋다며 당장 해 오라고 시킨다는 것을.

아홉째, 뒷담화가 심하다.

어느 조직이나 뒷담화가 있기 마련이다.

하지만, 뒷담화에도 예절이 있다. 상대에게 상처를 주는 뒷담화는 해서는 안 된다. 또한, 들은 이야기를 전파하는 행동도 자제해야 한다. 말에 의한 상처는 오래간다. 무서운 것은 말을 한 사람은 자신이 무슨 말을 했는지도 모른다는 점이다.

열, 넌 내 편이 아니잖아?

회사 다니면서 Inner circle이란 용어를 처음 들었다.

끼리끼리 편 가르기 문화가 있다는 것은 알았지만, 자신의 편이 아니라고 대놓고 "넌 우리 편이 아니잖아?" 하며 무시한다. 공식적인 업무 요청도 지체하거나 건성으로 해 준다. 자신의 편에 있는 사람이 요청하면 바쁜 팀원에게 다른 일 다 뒤로하고 이것부터 하라고 한다. 끝나면 갖다 주면서 언제든지 요청하라고 한다. 회식을 해도 이너서클 안에 있는 사람하고만 한다.

조직 분위기는 본인에게는 별것 아니지만, 상대에게는 은근히 신경 쓰이는 미세한 언행 하나로 무너져 버린다.

팀워크가 좋은 조직은 항상 웃음과 격려가 있다. 적극적으로 대화에 참여하고, 그라운드 룰이 필요 없을 만큼 약속이나 기본을 잘 지킨다. 서로가 열린 마음으로 대화하며 정보와 자료를 공유하며 항상 학습하며 개선하는 분위기를 가져간다. 힘든 일이 있으면 누구나 도우려 하고, 표정이 안 좋은 직원이 있으면 진정한 마음으로 걱정해 준다. 힘들고 지쳤을 때, 어깨를 내어주는 직원이 있고 따뜻한 커피 한 잔 갖다 주는 직원들이 있다.

{ 부서장이 해서는 안 되는 5가지 행동 }

나는 절대 이런 행동은 하지 않겠다

A 팀장은 1월에 임원 후보자로 선정되어 여러 교육을 받게 되었다. 1주일의 예비경영자 과장을 이수했고, 회사 발전을 위한 주제발표를 제안했고 발표하였다. 사장과 본부장이 모인 인사위원회에서 A 팀장에게 3가지 질문이 있었다. 임원이 되면 무엇을 하겠는가? 3년 후 담당하는 조직과 구성원이 어떻게 변해 있을 것인가? 임원으로 해서는 안 되는 행동 3가지만 설명하라. 당신이 임원 후보자라면 3번째 질문에 어떤 대답을 하겠는가?

A 팀장은 돈, 성, 법이라고 하며 구체적 예를 들었다. 먼저 돈은 회사 돈을 자신 돈처럼 아끼며 횡령하거나 뇌물을 받지 않겠다. 성은 자신뿐 아니라 조직 구성원이 성희롱 등

성과 관련된 일이 없도록 하겠다. 마지막으로 기본을 지키며 법을 어기는 일을 하지 않겠다고 했다.

많은 지원자가 신뢰, 배려, 겸손, 신용, 근면과 성실, 기본 지키기 등 초심을 잃지 않고 낮은 자세로 봉사하겠다는 말을 한다. 낮은 위치에 있을 때에는 이러한 기본 가치는 지키는 편이지만, 우월한 지위에 있는 사람들이 겸손하고 기본을 지키기는 그렇게 쉽지 않은 듯하다. 나는 절대 이런 행동을 하지 않겠다고 했지만, 다른 사람보다 높은 위치에 있으면 자신도 모르게 있을 수 없는 행동을 하게 되는 이유는 무엇일까?

부서장이 해서는 안 되는 5가지 행동

높은 직책을 맡게 되면, 방향을 정하고 결단을 내려야 한다. 매 순간 실적에 대한 압박을 받게 된다. CEO인 경우에는 이러한 결단과 압박의 정도가 더욱 심한 반면, 모든 책임을 져야 하기 때문에 외롭기까지 하다. 누구와 상의는 할 수 있어도, 결정은 본인이 해야 하며 그 결과에 대해서는 책임이 따른다. 의사결정의 사안을 보면, 굳이 자신이 하지 않아도 될 일을 보고 있자면 여러 복잡한 생각이 든다. 철저한 자기 관리가 더 요구되는 자리이지만, 오래 근무하면 할수록 일과 사람관계에 있어서 바람직하지 않은 행동을 하는 경향이 있다.

첫째, 자신의 체면을 중시하고 위상에 신경을 쓴다.

고직급에 있으면 위엄을 보여야 한다는 생각을 한다. 존경받아야 한다는 생각에 남에게 보여지는 것에 많은 신경을 쓴다. 체면을 중시해 무시당하면 참지 못한다. 회의나 식사 자리에 민감하며, 자신보다 직위가 낮은 사람들이 다 참석해야 비로소 자리에 앉는다.

둘째, 지는 것을 극도로 싫어하고 어떻게 하든 남을 이기려 한다.

고직책에 오르기까지 수많은 경쟁을 이겨냈고, 성공경험을 가지고 있다. 젊었을 때부터 실패하면 죽음이라는 생각을 갖고 살아왔기 때문에 지는 것을 극도로 싫어한다. 성공경험을 공유하며 혼자가 아닌 함께 성취해 가야 하지만, 이들은 남을 이겨야 내가 생존한다는 속 좁은 생각을 하게 된다.

셋째, 남의 말을 듣지 않고, 자신의 말만 한다.

직책이 오를수록 주관하는 회의가 많다. 신속한 의사결정을 해야 하기 때문에 본의 아니게 주관자가 많은 말을 할 수밖에 없는 것이 현실이다. 하지만, 참석만 한 직원은 결정된 사안에 대해 열정을 보이지 않는다. 자신이 참여한 결정이 아니라는 생각이 강하다. 회사에 피해를 줄 수 있는 사안에 직원의 건의를 무시하고, 자신의 주장만 하고 하라고 지시한 사안을 누가 열정을 다하겠는가? 하는 시늉만 하거나, 했다 주의 식의 일을 할 뿐이다.

넷째, 듣기 싫은 말에 화를 내거나 기피한다.

직원이 부서장의 언행에 조언을 하는 것은 매우 어려운 일이다. 부서장이 잘못된 의사결정을 했거나, 바르지 못한 언행을 하면 바른 말을 해야 하는데, 부서장이 이를 기피하거나 화를 낸다면 해줄 수가 없다. 반대 의견이 없고 이의 제기도 하지 않으면, 부서장은 자신의 결정이나 언행이 옳다는 착각을 한다. 심한 경우, 직원이 무식하기 때문에 자신이 끌고 갈 수밖에 없다는 생각을 한다.

다섯째, 자기 편이 아닌 사람에게 냉정하다.

자신을 좋아하고 따르는 사람들로 구성된 사적조직을 만들고 이들의 우두머리가 되어 행동한다. 자신의 편이 아닌 사람들은 철저히 배척하고 말을 들으려 하지 않는다. 말도 안 되는 지시를 내리거나, 사심이 담긴 인사를 감행한다. 매사 자신의 고집을 내세우며 자신이 시킨 일이 아무리 황당해도 해내지 않으면 왕따가 되는 문화를 만든다.

부서장이 좋아하는 직원은 성실하고 긍정적이며, 주도적으로 업무를 수행하고, 높은 성과를 창출하며, 자주 찾아와 이런저런 이야기를 나누는 사람일 것이다. 하지만, 이런 직원들이 가장 먼저 보는 것은 바로 '부서장의 언행'이다. 윗물이 맑지 않은데 아랫물이 맑을 수가 없다. 그러므로 부서장이 모범을 보여야 한다. 더 중요한 것은 이러한 모범이 일관성을 갖고 지속되어야 한다. 부서장은 철저한 자기관리로 초심을 잃지 않고 길고 멀리 보며 조직과 구성원의 가치를 올리는 사람이다.

{리더는 어떻게 말해야 하는가?}

"리더는 머리와 입으로 일한다."

임원이나 팀장교육 시, 반드시 이 질문은 한다. "조직장이 하는 일은 무엇입니까?" 방향과 전략의 수립, 가치관 정렬, 회사 방침의 실현, 조직을 이끌고 성과를 창출하는 일, 일과 사람관리 등등 다양하다. 한마디로 '의사결정'이라고 강조한다. 리더가 하는 일이 의사결정이라면 리더가 바빠야 할 신체는 바로 머리와 입이다. 냉철하고 논리적으로 판단하여 결정하고, 신속하고 명확하게 전달하여 구성원이 정확하고 효율적으로 실행하도록 해야 한다.

리더의 의사결정은 전체를 생각하고 올바르며 신속해야 한다.

리더의 생각이 올바르지 않으면 곤란하다. 사업의 트렌드,

보다 나은
내일을 위하여

회사의 존재이유, 바람직한 목표와 일치하지 않으면 한 방향 정렬이 안 되고 갈등을 유발한다. 자신이 속한 조직과 구성원이 일치하지 않으면 담당하는 조직은 팀워크가 좋지 않고 낮은 성과를 낼 것이다. 리더는 길고 멀리 보며 사업, 회사의 방향과 전략, 제품과 서비스, 조직과 구성원의 역량, 시장과 경쟁사의 움직임, 고객의 니즈 등을 고려하여 의사결정해야 한다. 사무실 안에 리더가 근무해도 안과 밖의 정보와 자료가 취합되고 분석되어 의사결정의 토대가 되어야 한다. 현장을 알고 장악해야 한다. 예상되는 리스크를 감안하여 사전에 조치가 되도록 시나리오를 생각하고 가장 합리적이며 효과적인 최적안을 갖고 있어야 한다.

리더의 지시에는 위엄이 있어야 한다

구성원들이 리더를 존경하고 따르는 것은 리더의 직책, 나이, 경험과 업적도 있지만, 그들이 생각과 결정하지 못한 수준의 아이디어와 결정을 하고 실행하도록 지시하는 데 있다. 리더가 회사 돈을 자기 돈처럼 펑펑 쓰면서 자기 돈 쓰는 것처럼 말하거나, 앞뒤의 이야기가 다르고 겉과 속이 다른 지시를 한다면, 자신은 하지 않으면서 구성원에게 하라고 강요하고, 이익이 있는 일에는 가장 먼저 그 이익을 추구한다면,

상사에게는 "예, 예" 하며 말 한마디 못 하고 조직원에게는 반말과 질책으로 일관한다면, 자신의 결정으로 잘못되어 큰 피해를 준 일에 대해 책임진다는 말 한마디 못 한다면 이런 리더의 지시에 구성원은 하는 체만 할 것이다.

리더의 말 한마디에 구성원은 불탄다

S물산의 김 이사는 중동담당으로 자신이 상사맨이라는 자부심이 대단했다. 초기 대리 때에는 중동에 생산이 곤란한 공산품과 기호품 중심의 물건을 한국에서 가져가 수출하였지만, 이사가 된 지금은 자동차 수출을 하고 원유를 수입하는 일을 담당한다. 큰 규모의 자동차 수출과 원유 수입을 하는 김 이사는 승승장구하며 회사에 대한 로열티가 강하다. 김 이사가 차장 때, 물건을 실은 배가 침몰하여 모두를 잃게 되는 순간을 맞이한 적이 있다. 당시 김 차장은 자신의 실패로 인하여 회사가 큰 피해를 입어, 사장에게 사직서를 제출했다. 사장은 "김 차장, 회사는 김 차장을 이 자리까지 오도록 얼마나 많은 투자를 한 줄 아는가? 이번 일로 회사에 누를 끼쳤다면, 회사에 몇 배 이상 매출과 이익을 창출하면 되지 않겠나? 이번 일에서 교훈을 바탕으로 높은 성취를 이끌어 보게나." 하며 사직서를 반려했다. 실수를 하거나 실패한

직원들이 실수와 실패의 원인을 더 잘 알고 있다. 이들을 불러 질책하기보다는 실패의 교훈에서 성과를 창출하도록 동기부여하는 것이 리더이다.

팀장 이상 조직장 세미나에 참석한 적이 있다.

사외이사 특강 전에 회사 CEO의 말씀 시간이 있었다. 대부분 10분에서 길게 하면 30분 수준이었는데, 이 회사는 1시간이 배정되어 있었다. CEO가 연단에 올라가 인재육성 부서에서 준비한 자료를 보지 않고 본부장을 호명한다. 불참한 본부장의 이유를 묻고, 참석한 조직장을 대상으로 불참 원인에 대한 불만을 토로한다. 이어, 조직장들이 위기의식이 없고, 절박하지 못하다고 훈계를 시작한다. 영업 실적 하락에 대해 영업본부장은 뭐하고 있었냐? 하며 지난 6개월 성과가 무엇이냐 묻는다. 생산 불량으로 인한 핵심 거래처의 클레임 사건을 예를 들며 생산 조직장들 전부 일어나라고 한 후, 고개숙여 사죄하라고 한다. R&D본부는 신제품 개발과 출시가 지연되고 있음에 대한 질책, 마케팅 본부는 한발 늦은 조치와고객 대응이 제대로 되지 않음을 질책한다. 주어진 1시간을지나 2시간이 가까워졌지만, 그 누구도 다음 시간이 외부 강사라고 말하지 못한다. CEO의 질책이 이들에게 어떻게 전달되었을까? 이들은 CEO를 어떻게 생각하고 있을까? 잘못한부분에 대해 어떻게 조치하며 만회하기 위해 무슨 생각과 과제를 가지고 어떻게 뛸까? 많은 생각을 하게 한 사건이었다.

존경받는 리더의 조건 5가지

존경받는 리더는 올바른 마음가짐을 가지고 있어야 한다. 말 한마디에 품격이 배여 있기 위해서는 교양이 있어야 하며, 무엇보다 상대를 이해하고 상대가 원하는 바를 이루게 해주려는 배려하는 마음이 있어야 한다. 말을 통해 얻고자 하는 바가 분명하고 어떻게 전달할 것인가에 대한 프레임이 명확하다. 상대의 말에 경청하며 알기 쉽고 편하게 사례와 숫자를 들어가며 짧게 이야기한다. 존경받는 리더가 되기 위한 5가지 조건은 다음과 같다.

1) 듣는 사람을 이해하고 이들이 원하는 것을 알고 있다.
2) 말하기 전에 상대를 배려하고 올바른 마음가짐을 가지고 있다.
3) 상대가 듣기 쉬운 용어 선택, 간결하고 긍정적 문장을 사용한다.
4) 사례, 숫자, 비유 등 풍부한 교양과 품격을 갖춘다.
5) 상대의 말을 경청하고 말을 할 때와 안 할 때를 구분한다.

변화 혁신을 하려면?

A 회장의 호통

8시 50분, 갑자기 회장이 대표이사실에서 나와 사무실 전체를 바라본다. 100여 명이 근무하는 이 회사에 40% 수준이 출근해 앉아 있다. 팀장들과 임원 자리를 보고 회장은 인사팀장에게 9시까지 팀장은 이상 회의실로 전원 모이라고 지시한다. 인사팀장이 직접 한 바퀴를 돌며 전달하고 출근하지 않은 임원에게 문자를 보내며 회의장에 들어섰다. 9시 정시, 회의장에는 10명의 팀장 중 3명이 참석하지 않았고, 참석한 조지장이 모습에서 긴장감을 찾아볼 수가 없다. 모두가 아침 출근과 동시에 귀찮게 불러 피곤하다는 표정이다.

회장은 참석하지 않은 3명이 올 때까지 아무 말도 하지 않고 있었다. 5분이 지나자 김 전무가 지금 2명은 출장 중이고, A 팀장은 10분 정도 후에 도착한다고 말하며 하실 말씀하라고 한다. 회장은 출장 이유가 무엇이냐고 물으니 아무도 대답을 하지 못한다. "이런 마음가짐과 행동으로는 회사가 망할 수밖에 없다. 조직장이 이러니 직원들은 오죽하겠는가? 모두 정신 차리고 악착같아져라. 인사팀장은 1달 내 변화 안을 작성해 보고하라"고 호통을 치며 회의실을 나갔다.

조직장들은 출근시간 조금 늦은 것 때문에 정신 상태가 잘못되었다는 말에 분개하며 인사팀장에게 잘 만들어 보라고 하며 자리에서 일어났다.

왜 변화혁신이 어려운가?

변화혁신을 하기 위해서는 추구하는 모습과 목표, 대상과 내용이 분명해야 한다. 직원들에게 변화혁신을 이야기하면 "우리가 왜 변해야 하는데, 변해야 할 사람은 조직장이다."라고 한다. 조직장들은 CEO가 변해야 한다고 한다. 이들에게 변해야 할 내용이 무엇이냐고 물으면, 각양각색이다. 경영층은 사업을 중심으로 변화되어야 할 것들을 강조한다. 외부 환경의 변화, 사업의 트렌드, 경쟁회사의 전략과 동향, 고객의 니즈 등을 살펴 사업에 도움이 되는 변화를 원한다. 반면, 직원들은 회사 전반적인 분위기, 자신이 받는 보상, 하고

보다 나은
내일을 위하여

있는 직무의 불만을 변화의 내용으로 생각한다. 변화의 대상과 내용에 대한 생각이 다르기 때문에 추구하는 모습과 목표가 일치할 수가 없다.

변화혁신을 하라고 하지만, 추진해야 할 주체가 변화의 대상이 되는 경우가 많다. '우리 회사는 CEO가 바뀌지 않는 이상 절대 안 바뀐다'는 말을 하는 직원들이 많다. 변화의 대상이 CEO인데, 이 CEO가 변화혁신을 하라고 하면 직원들은 하는 시늉만 한다. 마음속으로는 '이 또한 지나간다' 생각한다.

CEO가 변화혁신을 강조해도 누군가 방향을 정하고 강력한 추진을 해야 하는데 추진조직이 없거나 중간 조직장들이 동참하지 않으면 변화혁신은 성공할 수가 없다. 강력한 추진조직이 있어 반향과 추진계획을 가지고 실행해 가야 한다. 변화혁신의 필요성을 알리고 해야 할 방안들을 명확히 하여 구성원들을 한 방향으로 가도록 해야 한다. 월별 점검을 통해 잘하는 조직과 못하는 조직을 구분하고, 유형별 대응책을 지속적으로 이끌고 가야 한다. 중간 관리자들이 동참할 수 있도록 저워 사전 교육을 실시하고, 따르지 않는 조직장은 경고를 내리고 누적 경고자에 대해서는 보직해임 등의 강력한 조치를 해야 한다.

존 코터는 'Leading Change'에서 변화혁신의 실패 요인을 8가지로 설명하고 있다.

1. 자만심을 방치하였다.
2. 혁신을 이끄는 모범적인 사람이 없다.
3. 5분 안에 설명할 수 있는 비전이 없다.
4. 비전을 전파하지 못한다.
5. 방해물, 무사안일주의자를 방치해 둔다.
6. 단기간에 가시적인 성과를 보여주지 못한다.
7. 샴페인을 너무 일찍 터뜨린다.
8. 새로운 제도를 문화로 정착시키지 못한다.

변화혁신을 이끄는 2가지 성공비결

변화혁신을 성공적으로 이끄는 회사는 2가지 공통점이 있다.

첫째, 변화혁신의 방향과 추구하는 목적, 추진 내용이 사업과 연계되어 명확하고, CEO와 추진조직이 이를 지속적으로 공유하고 내재화하여 실천한다. '액자 속의 구호'가 아닌 업무를 통해 확실한 실천이 되기 위해서는 CEO와 추진조직이 변화혁신의 내용과 방안들을 지속적으로 홍보하고 점검하며 제도와 연계하여 강력한 추진이 되도록 해야 한다.

둘째, 조직의 중간 관리자들이 변화의 주도 세력이다. 중간 관리자의 참여와 협력이 없으면 그 어느 혁신적 활동이라도 성공할 수 없다.

혁신은 자신의 가죽을 벗겨내는 지극히 어렵고 힘든 작업이다. 하다가 안 되면 그만두면 된다는 생각으로 이루어질 변화혁신은 없다.

{ 조직원을 몰입하게 하는 리더의 특징 }

두 경영자

내가 갖고 있는 것보다 남이 가지고 있는 것이 더 좋고 뛰어나 보이는지 A 사장은 임원들 앞에서 경쟁사 임원들의 성과를 이야기하며 부러워한다. 한두 번 이런 이야기를 들을 때에는 그럴 수도 있다고 생각했지만, 이제는 한 귀로 듣고 한 귀로 흘려버린다. 이 회사의 전무는 "나도 밖에 나가면 이 직무의 전문가로 인정받고 있는데, 회사 내에서는 과장보다 못한 취급을 받으니 힘이 나지 않는다. 나도 알고 지내는 그 임원이 우리 회사에 온다면 성과를 낼 수 있다고 생각하냐?"며 아래 팀장에게 묻는다. 비교당하고 있는 직원이 자신의 일에 자부심을 갖고 몰입하여 성과를 내는 것은 강한 정신력을 보유하고 있지 않는 한 쉽지 않다.

B 사장은 항상 직원에 대한 감사와 배움의 자세로 하루하루를 보낸다. 가정환경이 어려워 초등학교 졸업이 전부인 B 사장은 어린 나이에 상경하여 안 해본 일이 없을 정도로 고생하고 지금의 회사를 성장시켰다. 자신의 배움이 짧기 때문에 입사하는 직원에게 배운다는 자세로 임했고, 믿고 맡겼다. 항상 직원들을 먼저 생각하고 그들이 몰입하여 성과를 내주는 것에 감사했다. 자신의 역할은 함께 근무하는 직원들이 일에 자부심을 갖고 스스로 일을 기획하고 실행하여 역량과 성과를 올리고 공정하게 배분하는 것이라고 생각했다. 전 직원 종합검진을 받게 하고, 허약해 보이는 직원에게 보약을 선물한다. 직원 결혼식과 부모상에는 그 어떠한 일이 있어도 참석했고, 아침 인사는 항상 B 사장이 반갑게 맞이해 준다.

성과를 내는 조직은 3가지가 다르다

중소기업 컨설팅과 경영자 자문을 하면서 성과 내는 조직과 퇴직이 잦은 조직의 특징을 살필 수 있었다. 성과 내는 조직에는 첫째, 뛰어난 리더가 있다. 이들의 조직, 일, 사람관리는 리더라면 누구나 다 알고 있는 사항이다. 이들의 뛰어남은 실행에 있다. 이들은 조직의 바람직한 모습, 방향과 전략, 중점과제와 꼭 지켜야 할 그라운드 룰을 정하고 실천하게 한다. 본인 스스로 기본을 지키고 정도경영을 솔선수범하며 악착같이 실행한다. 조직원을 믿고 맡기며 권한을 주고 책임감 있게 실행하게 한다. 진정성과 공감을 느끼게 하는 소통으로 조직원과 한 몸이 된다.

둘째, 일에 대한 자부심과 몰입이 높다. 이들의 일에 대한 전문성이 높은 이유는 조직원들의 직무역량이 높기 때문이다. 서로에게 배운다고 한다. 전문성이 높은 상태에서 자신이 느끼지 못한 것과 몰랐던 것을 주변에서 배우기 때문에 이들의 전문성은 더 뛰어날 수밖에 없다. 정체되지 않고 배운다는 것이 성과를 내는 두 번째 이유이다. 성장하니 일 자체가 즐겁게 된다.

셋째, 서로를 믿는 관계역량이 매우 높다. 이들은 계약관계로 맺어졌다는 생각을 하지 않는다. 서로에게 영향을 주며 서로 하나가 되어 성장하며 성과 내야 한다는 생각이 강하다. 하나가 아닌 함께 일해야 한다는 생각이 강해, 서로를 인정하고 동기부여한다. 이들은 받으려 하기보다는 주려고 하며, 열린 소통을 한다. 적극적으로 자신의 생각을 표현하며, 말에 의한 상처를 주지 않는다. 조심스럽게 조언하고, 불평과 비난은 이들에게서 찾아볼 수 없다.

조직원을 몰입하게 하는 리더의 3가지 특징

사업의 특성, 회사의 규모, 관습과 관행, 임직원의 의식구조와 성숙도, 회사의 성장 수준에 따라 리더의 리더십 스타일과 수준은 다를 수밖에 없다. 그러나, 크고 작은 회사, 영업 또는 생산 회사일지라도 성과를 내는 리더는 3가지 특징이 있다.

첫째, 조직이 추구하는 방향과 목표에 대한 사명의식이 철저하다. 조직이 존재하는 이유와 조직이 해야 할 일의 방향과 목표, 어떻게 달성해 가야 하는가에 대해 분명한 철학을 가지고 한 방향으로 이끈다. 이들이 강한 이유는 이러한 사명감을 구성원에게 인지시키고 업무를 통해 실천하게 한다는 점이다. 공감과 진정성이 있는 소통 역량이 없다면 불가능한 일이다.

둘째, 높은 전문성을 바탕으로 방향 감각이 명확하다. 단기 실적이 아닌 적어도 3년을 바라보며 시장 변화와 그 시장에서 회사와 조직이 추구해야 할 과제가 무엇이며 어떻게 성과를 낼 것인가 명확히 한다. 이러한 변화가 올 것이라는 생각으로 끝나는 것이 아니 그 변화에 대한 구체적 계획과 실행방안을 모색한다.

셋째, 올바른 가치관이다. 자신은 물론 조직원에게 머리 숙여 배우고, 성과를 낼 수 있는 많은 아이디어와 조언을 듣는다. 항상 비워져 있는 상태이기 때문에 수용할 수 있는 공간이 있다. 겸손하게 경청하기 때문에 말하는 사람이 좀 더 편하고 폭넓게 말할 수 있다. 배울 점이 있다면 경쟁사 또는 조그만 중소기업을 찾아가는 것에 대해 힘들어하지 않는다. 배움과 장인정신이 제품이나 서비스의 수준을 높이며 차별화된 경쟁력을 갖게 하는 원동력이 된다.

{ 조직을 성장시키고 성과를 창출하는 비결 }

각자 자신의 일만 잘한다면 조직은 어떻게 될까?

A회사의 인사팀은 회사에서 학력수준이나 역량이 가장 높은 4명의 전문가가 모인 조직이다. 이 부장은 전략, 조직, 관리자 이상의 인사를 담당하며, 컨설팅 회사에서 영입됐다. 김 차장은 평가 보상을 중심으로 하는 성과관리의 대가이다. 조 과장은 10년 넘게 채용을 담당해 외부 인사 관련 세미나에 강사로 초빙되며 대학 취업 설명회 등에서 모셔가는 수준이다. 임 과장은 우리나라 조직문화의 틀을 세운 입지적 인재이다. 이들 4명이 인사팀에 모여 많은 임직원이 회사의 인사 정책과 제도가 획기적으로 바뀔 것이라는 기대를 했다.

인사팀장이 공석인 관계로, CEO는 이 부장에게 4명의 팀원이 하나가 되어 사업과 연계하여 전략적 파트너로서 역할을 다해 달라는 요청을 했다. 이 부장은 매주 월요일 4명이 모여 각자 하는 일을 공유하였고 자신의 일을 수행하였다.

3개월이 지나지 않아 CEO는 심각한 고민에 빠졌다. 각자 자신의 일에만 열중하는 인사팀원을 보게 된 것이다. 인사팀의 역할과 목표는 간데없고, 자신의 영역에서 자신의 일만 한다. 현업의 요청은 지연되거나 묵살되고, 공동의 업무는 서로 모른 체한다. 인사부서가 가장 비협조적인 부서가 되고, 내 일이 아니면 모른다는 식으로 일을 한다. CEO는 이 부장을 불러 업무 분장을 세분화하라고 지시하였다. 이 부장은 업무분장을 좀 더 세분화하고, 현업 지원 등 공동 업무에 대한 구체적 내용을 포함하였다. 문제는 내가 왜 이런 일을 해야 하느냐는 불만, 업무 분장에 없는 일에 대한 책임 소재, 겹치는 업무에 대한 갈등 등으로 인사팀은 대화가 없고 불만에 찬 모습으로 일을 한다는 것이다.

전문가 모임일 수는 있지만, 전략적 파트너이며 회사의 마지막 보루라는 자부심은 보이지 않는다. 개인은 뛰어날지 모르지만, 조직의 존재이유와 성과 측면에서 보면 문제 많은 조직일 뿐이다.

조직의 역할과 목표는 무엇인가?

모든 조직은 존재하는 이유, 해야 할 목표가 있다. 인사팀은 사업과 연계하여 조직, 사람, 제도, 문화의 가치를 올리고 회사가 지속 성장하도록 이끄는 조직이다. 사업의 현황과 중장기 비전과 전략에 해박해야 한다. 회사의 재무 상황에 밝아야 한다. 각 조직의 역할과 책임이 무엇이며, 어느 조직이 강하고 약한가를 파악해야 한다. 인력유형별 관리를 통해 핵심인재는 사전 선발하여 유지관리하고 조기 전문가 또는 경영자로 성장시켜야 한다. 저성과 인력은 자극과 기회를 주어 제 몫 이상을 하게끔 해야 한다. 제도의 설계뿐 아니라 운영을 위해 현업 조직장과의 협업관계를 유지해야 한다. 좋은 문화는 계승하고 새로운 가치는 적극 도입해야 한다. 할 일이 많고 그 일의 수준과 목표가 높아야 한다. 명확하게 알고 각 팀원들이 하나가 되어야 한다. 개별 인원이 잘하는 것이 아닌 전체가 하나가 되어 잘해야 한다.

4명의 전문성을 갖춘 팀원들이 팀의 역할과 목표를 향해 자신의 전문성을 활용해야 한다. 함께 과제를 정하고 각자의 전문성을 살리는 노력을 해야 한다. 혼자 할 것은 혼자 하고 함께 할 일은 함께 해야 한다. 자신의 일이 아니라고 생각하는 것이 아닌 내가 먼저 한다는 생각으로 임해야 한다.

조직을 성장시키며 성과를 창출하는 팀의 비결

조직을 성장시키고 성과를 창출하는 팀은 공통점이 있다.

첫째, 팀의 사명과 목표를 명확히 내재화하고 실천한다.

팀이 왜 존재하는지, 무엇을 추구하는지와, 목표가 분명하다. 개인의 목표는 팀의 목표와 연계되어 있고 이들은 팀의 목표 달성이 무엇보다 우선해야 함을 안다. 팀의 목표는 언제나 개인에게 할당된 목표보다 우선한다. 이들의 역할과 책임은 항상 팀의 목표 달성이다.

둘째, 리더십 역할을 공유하며 구성원 상호 간에 지원을 아끼지 않는다.

팀장이 방향과 목표 추진뿐 아니라, 팀원에 대한 관심과 배려, 동기부여 역량이 뛰어나다. 팀원의 강점을 강화하여 팀원들 간의 협조와 함께한다는 생각이 강하다.

셋째, 팀을 하나로 뭉치게 하는 그라운드 룰이 있다.

팀이 달성해야 할 역할과 목표뿐 아니라 팀 분위기가 좋고 성과를 창출하는 팀은 하나가 되도록 하는 그라운드 룰이 있다. 이 룰은 팀원 자율적으로 정하고, 후배들에게 계승되어 팀의 문화가 된다.

넷째, 개방적 소통을 통해 갈등을 건설적으로 해결한다.

뛰어난 팀은 팀원들에게서 배운다. 열린 사고와 행동으로 자신이 알고 있는 지식과 정보를 공유한다. 학습을 통해 팀원의 성장이 팀의 성장을 이끈다.

다섯째, 객관적이고 신속한 의사결정을 통해 팀의 효율성을 높인다.

팀원들이 자신의 문제점이나 이슈들을 감추지 않고 공유하며, 일이 잘못되는 경우 신속한 보고 등을 통해 팀의 효율성을 높인다.

임직원이 자신의 목표를 갖고 이를 달성하기 위해 노력하는 것은 당연하다. 하지만, 조직의 목표가 우선되어야 한다. 팀장은 팀원들의 직무역량과 일에 임하는 마음가짐 등을 판단하여 목표를 부여하고, 업무분장을 주도해야 한다. 개인이 자신의 일만 잘해서는 조직의 성과는 그리 높지 않다. 조직의 목표, 나아가 회사의 목표를 달성하는 것이 항상 우선되어야 한다.

{ 직원들을 떠나지 않게 하는 리더 }

회사 보고 입사하여 상사 보고 퇴사한다

퇴직하는 사람들과 면담을 하면 처음에는 개인사정, 학업 지속, 가업계승 등을 이야기하지만, 좀 더 심층 대화를 하면 상사나 선배 때문에 그만둔다는 직원이 많다. 처음 회사에 입사했을 때에는 이곳에서 성장하겠다는 생각을 가졌고, 회사와 하는 일은 좋지만 상사와 선배의 지속된 괴롭힘을 견디기 힘들었다고 한다.

상사와 면담을 하면, 자신은 퇴직한 직원이 성장하도록 좀 더 적극적으로 지도하고 동기부여하려 많은 노력을 했지만, 목표와 열정이 없고 매사 소극적이었다고 말한다. 직원의 성공을 바라지만, 그 마음의 진정성이 직원에게 전달되지 않았다. 직원이 바람직한 모습으로 성장하도록 지원하는 입장이 아닌 지시하고 감독하며 잔소리하는 사람으로 인식되어 힘들게 했다는 생각만 직원에게 남아있다. 상황이 이렇다 보니, 많은 직원들은 '회사 보고 입사하여 상사 보고 떠난다'고 말한다.

마투슨의 사람을 끌어당기는 리더의 7가지 특징

인재 컨설팅 회사인 마투슨 컨설팅의 대표인 마투슨은 저서 『사람을 끌어당기는 리더』를 통해 7가지 특징(진정성, 이타심, 명확한 소통, 카리스마, 투명성, 비전, 회복탄력성)을 이야기한다. 마투슨은 리더라면 본모습을 감추지 않고 진정성을 갖고 사람을 대하며, 타인에게 영향력을 주고 영감을 불어넣는다고 한다. 비전을 제시하고 한결같이 정직하며, 일이 계획대로 진행되지 않음을 알고 좌절하지 않고 이끈다고 한다. 직원들과 자주 소통하여 리더가 하는 말을 직원이 명확하게 이해하게 한다고 강조한다.

우리나라 리더가 좀 더 노력해야 할 6가지

잡코리아와 알바맨이 최근 재미있는 설문 결과를 발표했다.(newsis, 2020.2.13) 세대별 성인 5,915명을 대상으로 여러 질문 중, 성공적인 삶에 대한 견해를 물었다. 먼저, 1960년 대생의 경우는 '큰 걱정 없이 안정적인 수입을 올리며 가족과 화목하게 사는 삶(35.8%)'과 '남들이 부러워하는 직업을 가졌고, 그 분야에서 인정받는 삶(34.0%)'을 성공적인 삶 1, 2위로 꼽았다. 1970년대생은 '안정적인 수입으로 가족과 화목하게 사는 삶'이 64.9%로 타 연령대에 비해 가장 높았으며, 1990년대생과 2000년대생의 경우는 '좋아하는 일, 취미를 즐기면서 사는 삶'을 꼽은 비율이 각각 34.5%, 33.0%로 다른 연령대에 비해 2배 가까이 높아 차이가 있었다.

이 설문이 주는 의미는 매우 크다. 살아온 시대적 환경, 가족관계와 학력, 개인의 특성에 따른 세대 간 공통점과 다양성을 인지해야 한다. 특히 리더라면 이 다양성의 인지 수준을 넘어 이를 회사와 일에 연계하여 성과를 창출하도록 이끌어야 한다. 다름을 인정하지 못하고, '나는 너희 나이와 직급일 때 이렇게 했다'는 식의 말은 교훈이 아닌 괴롭힘이다. 상사의 말을 사전 양해 없이 녹음하는 직원에게 윽박지르고 던지며 찢어버리던 시대의 이야기를 하면 반성하고 개선하겠는가?

팀장과 임원의 강의와 코칭을 하며, 우리 기업의 팀장과 임원들이 리더의 정의, 역할이 무엇인지 모르고, 지금까지 잘해 온 경험이나 지식을 바탕으로 선배 팀장이나 임원이 했던 방식을 답습하고 있음을 알게 되었다. 리더가 먼저 바뀌어야 한다. 직원들이 존경하고 따를 마음의 준비가 되어 있도록 하기 위해 우리나라 리더가 좀 더 노력해야 할 6가지를 생각해 보았다.

첫째, 비전, 전략과 방안, 그라운드 룰의 설정과 체질화이다.

리더를 존중하게 하는 첩경은 바로 방향설정이다. 리더가 올바른 방향을 제시하고 이끈다면 직원들은 믿고 따르게 되어있다. 어떤 마음으로 어떻게 방향을 설정하느냐가 중요하다. 사업과 상사의 방향과 연계하여 자신만의 방향을 가지고 있어야 한다. 더 중요한 것은 이를 직원들에게 내재화시켜 실천하게 해야 한다. 이를 잘하는 절차를 알고 실행을 리더가 더 노력해야 한다.

둘째, 전략적 의사결정을 해야 한다.

바쁜 리더들을 보면 열이면 열 전부 담당자 수준의 업무를 한다. 무엇이 중요하고, 기회 선점할 사안을 신속하게 의사결정을 해 주지 못하고 과중한 일 속에 파묻혀 있다. 일의 수행보다 앞서는 것이 의사결정이고, 전략적 관점의 의사결정 원칙과 방법을 알고 있어야 한다. 오죽하면 리더의 일은 의사결정이라 하겠는가?

셋째, 성과를 창출하는 방법을 알고 이를 실행해야 한다.

우리 리더들은 성과와 실적을 구분하지 못한다. 성과를 이야기해야 하는데 실적을 말한다. 실적에 대한 부담으로 무리하게 조직과 직원을 이끌어 결국 성과를 낮춰 조직이 통폐합되거나 직원이 떠나게 한다. 길고 멀리 보는 장기적 관점에서 효과적 목표와 과정관리를 통해 성과를 창출하는 방법을 알고 실천해야 한다. 이 바탕의 정도경영은 기본 중의 기본이다.

넷째, 조직과 직원의 성장이다.

조직과 직원을 성장시키지 못하는 리더는 리더가 아니다. 가치관 경영과 지식경영을 연계하여 내 부서의 이슈는 내 부서에서 완결되도록 이끌어야 한다. 조직 구성원의 지식이 공유되며, 조직학습을 통해 과제가 자율적이고 주도적으로 추진되어야 한다. 직원 개개인의 성장 촉진자의 역할을 하되, 1순위로 자기 자리를 물려줄 후계자의 조기 선발과 강력한 육성을 해야 한다. 바쁘다는 이유로 자신의 성장도 이끌지 못하는 리더는 조직과 직원의 지탄의 대상이 됨을 잊지 말아야 한다.

다섯째, 자율성과 주도성, 실행력이다.

소통만 잘되면 자율적이고 주도적인 문화는 형성된다. 리더는 지시를 내리기만 하고, 직원들은 리더의 잦은 지시와 잔소리에 힘겨워하는 상황이 문제이다. 전체를 보며 자신이 하는 일에 대해 주도적으로 이끌되 책임지는 문화가 정착되도록 리더가 앞장서야 한다.

여섯째, 감사하며 협업하는 문화의 확산이다.

회사와 일에 대해 감사하는 마음이 있고, 회사의 Value Chain을 전 직원이 명확히 인지하고, 후공정을 배려하며 협업하는 문화가 자리 잡도록 리더가 이끌어야 한다. 너 것 내 것 따지거나, R&R(역할과 책임) 갈등이 있다면 조직과 직원의 잘못이 아닌 리더에게 원인이 있음을 명심해야 한다.

결국 리더는 조직의 장임을 명심하고, 직원 한 명 한 명에게 관심을 갖고, 이들을 성장시켜야 한다. 자신이 얼마나 직원들을 가슴에 간직하고 배려하며 노력하고 있는지 전해 진정성과 공감대를 형성해야 한다. 직원의 변화되는 점을 체크하여 피드백해 주고, 이곳에 근무하면 성장하고 즐겁다는 인식이 있도록 해야 한다. 성과의 중요성을 알고, 한마음이 되어 한 방향으로 이끄는 사람이 바로 리더이다. 리더는 혼자가 아니다. 나 한 명만 잘하면 된다는 생각을 버리고, 함께 잘할 수 있도록 고민하고 성과를 창출해야 한다. 그래서 리더이다.

{ 신뢰를 쌓는 9가지 방법 }

신뢰란 무엇인가?

A회사의 CEO는 전자개발 직무 관련 전문가이다. 그 분야에서 가장 유명한 세계 1위 대학의 박사이며, 미국 연구소에서 10년 이상 근무한 화려한 경력을 가지고 있다. 귀국하여 회사를 창업하여 2천 명이 넘는 직원이 될 정도로 성장시켰다. 이 회사의 핵심가치 중에 신뢰가 있다. 하루는 CEO와 인터뷰하면서 왜 신뢰를 핵심가치로 정했느냐고 물었다. 처음에는 기업은 관계의 집단이고, 관계의 중심에는 신뢰가 있어야 한다는 일반적 이야기를 하였다. 보다 심층 인터뷰를 진행하니, 과거의 경험을 이야기해 준다. 미국 연구원 시절, 자신이 생각한 프로젝트를 함께 일하고 있던 동료 연구원에게 설명을 해 주었는데, 얼마 되지 않아 회사가 추진하는 프

로젝트에 자신의 프로젝트가 선정되었다. 그런데 프로젝트 책임자는 바로 그 동료 연구원이었다. 마침 한국에 사업을 구상 중에 있었기에 퇴직 후 귀국하여 이 프로젝트 관련 국제 특허를 신청하였고, 이를 기반으로 지금의 회사를 창업하였다고 한다. 믿었던 만큼 실망과 배신이 컸기 때문에 사람에 대한 신뢰가 가장 중요하다고 생각한다고 한다. 자신은 사람 채용 시, 전문성도 중요하지만 인성이 가장 중요하다며 매년 신입사원 채용 면접에 한 번도 빠진 적이 없다고 강조한다.

CEO가 생각하는 신뢰는 크게 3가지였다.

첫째, 자신이 무슨 역할을 맡고 있는가를 분명히 알고 자신의 일에 그 역할을 다하는 것.

둘째, 함께 일하기 전에는 면밀히 체크하여 의심이 나면 처음부터 함께하지 말고, 점검이 끝났으면 무조건 믿는 것.

셋째, 자라온 환경과 배움과 생각의 정도가 다름을 인정하고 상대를 존중하는 것이라 한다.

신뢰를 쌓는 9가지 방법

최근 읽은 『꾸짖는 기술』(나카시마 이쿠오, 다산북스)의 신뢰를 쌓는 9가지 방법을 소개한다.

① 유심히 관찰한다.

② 모든 직원의 장점을 발견한다.

③ 꾸짖는 이유를 이해시킨다.

④ 먼저 말을 걸어 대화의 양을 늘린다.

⑤ 상담하기 편한 분위기를 만든다.

⑥ 겸허해라.

⑦ 지켜보고 있다는 메시지를 보낸다.

⑧ 칭찬과 꾸짖음의 포인트가 같아야 한다.

⑨ 어설프게 꾸짖지 않는다(진심을 다해 당당하고 자신 있게 꾸짖어라).

각 방법에 대해 설명을 하고 있는데, 이 가운데 시사점을 주는 것은 바로 관심과 진정성이다.

멘토인 김 사장이 어느 날 오라고 한다. 10여 개 되는 보고서를 보이며 잘못된 보고서를 찾아보라고 한다. 이유를 물을 수 있는 분위기가 아니기에 보고서의 제목과 전체적인 프레임워크를 보았다. 제목을 보며 나라면 이 보고서에서 얻고자 하는 바와 성취해야 할 결과를 생각하고, 프레임워크를 보며 내 생각과 다른 보고서를 별도로 놓았다. 사장에게 저는 이 세 보고서가 잘못된 보고서라고 생각한다고 하자, 왜 잘못된 보고서라고 판단했는지 설명을 부탁한다. 제목을 보고 얻고자 하는 바와 성과물을 생각한 후 전체 목차를 봤는데 생각과 차이가 있었다고 설명했다. 무슨 차이가 있냐고 묻는다. 하나의 보고서를 놓고 생각과 내용 그리고 결과물의 차이를 설명했다.

사장은 조직장은 징검다리가 아니라며, 자신의 철학과 생각이 보고서에 담겨야 하는데, 담당자의 철학과 생각만 있을 뿐, 조직장의 생각이 없는 보고서는 혼이 없는 보고서라며 자신의 혼을 보고서에 담으라고 한다. 이 혼이 담길 때, 일을 하는 직원도 성장하고 조직장을 신뢰한다고 한다.

사무직의 제품은 보고서이다. 제품에 혼을 심어야 하듯이 보고서에 혼을 담는 것은 너무나 당연한데, 그것이 조직장과 직원 간의 신뢰라는 점은 생각하지 못하고 있었다. 좋은 가르침에 감사 인사를 하고 나오면서, 진정한 신뢰는 이렇게 쌓임을 배울 수 있었다.

신뢰가 쌓이면 힘든 일을 줘도 감사한다

상사가 자신의 롤모델이고 가장 존경하는 상사라면, 이 상사가 해낼 수 없을 수준의 두전과제와 힘든 일을 지시해도 자신을 믿고 성장하라는 의미라 생각하며 최선 그 이상을 한다. 하지만, 기본적인 신뢰가 없으면 이러한 상황에서 '왜 나만 미워할까? 이렇게 일하면 병원에 가게 된다.'는 생각하에 불만을 토로하며 회사를 그만두거나 다른 부서로 전배를 요청하게 된다. 상사가 너를 후계자로 생각했다는 말이 가슴에 새겨지지 않는다. 이 상황을 모면하려는 핑계라 생각한다. 처음부터 신뢰가 쌓여 있지 않기 때문이다. 창업자의 자서전을 보면, 한두 명의 마음을 준 후배 또는 동반자가 있다. 이들은 무에서 유를 창출하며, 죽음도 함께할 정도로 신뢰로 똘똘 뭉쳐 있다. 모진 역경을 겪어온 탓도 있겠지만, 무엇보다 마음을 열고 서로에게 정성을 다했다. 서로의 진정성이 가슴 깊이 간직되어 있기 때문에 갈등과 오해가 있을 법한 상황에서도 이들은 서로를 믿는다.

조직장은 주고받는 사람이 아니다. 주고 또 주면서 직원들의 마음속에 간직되어야 한다. 직원과 신뢰가 쌓이면 그들은 내부의 일, 상사의 조그만 잘못에 대해 불만을 토로하거나 외부에 말하는 일이 없다. 조직장이 신뢰를 주지 못하기 때문에 직원들은 불만과 갈등이 생기고, 내부에서 해결하지 못하고 외부의 힘에 의존하게 된다.

직장생활은 철저한 자기관리가 우선이다

두 명의 조직장

A 팀장은 해외 유명 대학을 졸업하고 회사가 영입한 핵심 인재이다. 담당분야의 연구실적이 많기 때문에 회사는 A 팀장이 회사의 신제품 개발에 큰 기여를 할 것이라 기대가 높았다. 입사가 확정되고 1주일이 지나지 않아 회사는 고민에 빠졌다. 음주 문화가 강한 회사였기 때문에, 핵심분야의 A 팀장이 오자 환영식을 이유로 2일 연속 저녁자리가 이어졌는데, 3일 차 A 팀장이 출근을 하지 않았다. 몸이 아프다는 것이 이유였다. 다음 날에도 몸이 정상이 아니라는 이유로 결근하더니, 5일 차 금요일에는 10시쯤 출근해 미안하다는 말도 없다. 대학 연구원으로서 습관을 버리지 못하고 있었다. 담당 임원인 김 전무는 A 팀장을 불러 술자리에서 자

신의 주량을 넘지 말아야 하고, 다음 날 정상 출근하는 것은 직장인의 기본 중 기본이라며 주의하라고 이야기했다. A 팀장은 죄송하다고 하면서도 술이 약한 사람에게 술을 권하는 이 회사 문화가 잘못되었다고 항변한다. 자기관리에 대한 지적을 하는데, 회사 문화가 잘못되었다고 하니 김 전무는 할 말을 잃고, 어린아이 같은 40대 리더를 데리고 일을 해야 하는 자신을 생각하게 되었다.

B 팀장은 고등학교를 졸업하고 현장 계약직으로 출발하여 초고속 승진으로 팀장에 오른 입지적 인물이다. B 팀장의 철학은 '항상 긍정적으로 생각하고 주도적으로 실행하자'이다. 현장 근무 시, 값비싼 기계를 주말 내내 전부 분해하여 청소하고 그것을 재조립하는 등 기계박사라는 소리를 들었다. 성격이 꼼꼼해 재무팀으로 이동한 후 회사의 재무제표를 전부 외운 것으로 유명하다. B 팀장은 아침 인사부터 다른 직원과 다르다. 통상 "안녕하세요" 하며 자신의 자리로 가는 사람과 달리 B 팀장은 가장 먼저 출근해 들어오는 직원의 이름을 부르며 반갑게 대한다. 어느 순간, 직원들은 사무실 문을 열며 가장 먼저 B 팀장을 향한다. B 팀장의 일정은 모든 팀원이 전부 알고 있고, B 팀장은 돌발사고가 없는 한 그 일정을 준수한다. 아무도 B 팀장이 시간에 늦거나 약속을 어겼다는 소리를 들은 적이 없다. 항상 자신을 낮추고 상대의 의견을 경

청하는 B 팀장이기에 직원들은 자신은 다시 태어나도 저렇게 철저한 자기관리를 못 한다는 말을 한다.

철저한 자기관리의 체크리스트

회사에서 철저하게 해야 할 자기관리 항목이 무엇일까? 성공하는 사람들은 무엇을 중요시 여기며 철저하게 지킬까? 35년 직장생활과 인사자문을 하면서 만난 경영자와 성공한 CEO를 보며 그 특징을 살펴보았다.

1) 시간 지키기이다

자기관리가 철저한 사람은 출근 시간이 빠르다. 지각 자체가 불가능한 시간에 출근을 한다. 일의 마감 역시 상사를 감동시킨다. 마감에 임박하여 보고서를 가져오지 않고 이렇게 빨리 마무리했냐는 말을 듣는다. 회의 및 제반 약속시간에 이들의 기본 생각은 항상 '먼저 도착하자'이다. 이들은 시간은 자신에게만 소중한 것이 아닌 만나는 사람에게도 소중하고 신뢰의 기본임을 잘 알고 있다.

2) 영혼 있는 인사를 한다

B 팀장처럼 사람에게 다가가는 진정성 있는 인사를 하는

것이 몸에 배여 있다. 이들은 형식적 인사를 하는 것을 경계한다. 처음 만나는 사람에게도 눈을 보며 정성을 다한다.

3) 일의 우선순위를 정해 중요한 것부터 하나씩 해 나간다

직장에서 기본에 강한 사람은 일에 완벽한 사람이다. 이들은 해야 할 6가지 수준의 일이 출근 전 정해져 있고, 중요도에 따라 하나씩 집중해서 마무리한다. 이들은 절대 2개 이상의 일을 동시에 하지 않는다.

4) 자기의 행선지를 함께 일하는 사람에게 알린다

자신의 일정을 알려 혹시 자신을 찾는 사람이 있을 때, 행선지를 몰라 당황하게 하지 않는다. 화장실을 갈 때도 직원에게 이야기한다. 이들은 자신의 일정 공개를 통해 직원이 언제 무엇을 해야 하는가를 알게 하고, 일을 하는 데 참고하도록 간접적으로 지도한다.

5) 항상 자신의 주변 정리가 깔끔하다

떠난 다음 사람은 그 뒤를 보며 평가받는다. 이들은 매일 퇴근을 하기 전 자기 주변을 정리한다. 이러한 습관은 일에 있어서도 마찬가지이다. 끝난 결과물에 대해서는 반드시 기록한다.

보다 나은
내일을 위하여

6) 자신이 한 약속은 반드시 지킨다

그 어떠한 일이라도 자신이 하겠다는 일은 반드시 지킨다. 만약 어쩔 수 없는 상황이 발생하여 지킬 수 없을 때는 이들은 반드시 찾아가 양해를 구한 후, 급한 일이 처리된 후 다시 찾아가 감사 사례를 전한다.

7) 말을 함에 있어 품격이 느껴진다

철저한 자기관리를 하는 사람은 말을 함에 있어 3가지를 금기시한다. 남과 비교하는 말, 대안 없는 부정 또는 불만, 뒷담화는 절대 하지 않는다. 이들은 조금 느리다 싶으면서도 차분하며 논리적으로 말한다.

8) 품격 있는 자세를 유지한다

항상 겸손하며 예의를 갖추고 가벼운 행동을 하지 않는다.

9) 복장이 수수하고 단정하면서도 중요한 자리에서는 좋은 옷을 입는다

10) 일을 함에 있어 집중과 몰입의 정도가 무서울 정도이다

이들이 일을 할 때는 주변에서 일어나는 일을 알지 못할 정도로 몰입한다.

11) 사람, 일, 회사에 대한 관심과 배려가 높다

이들은 항상 회사, 자신이 하고 있는 일, 함께하는 사람에 감사한다. 이들은 자신이 지금 이 자리에 있는 것은 회사와 여러분 덕분이라는 말을 달고 산다. 고마움을 알기에 이들은 회사와 사람 그리고 일에 대해 관심이 높고 항상 우선적으로 배려한다.

12) 건강관리에 철저하다

이들은 건강의 소중함을 알기에 어떠한 일이 있어도 1시간은 운동한다. 이들이 운동하는 시간은 거의 새벽이다. 이들 중에 아침 7시가 지나 일어난다는 말을 듣지 못했다.

직장생활 하면서 많은 칭찬을 듣지만, "팀장님은 정말 자기관리가 철저하세요. 저희가 다른 것은 다 따라갈 수 있어도 자기관리만큼은 팀장님을 따라갈 수 없어요."라는 말을 들으면 최고의 칭찬이다. 직장인에게 자기관리는 가장 강력한 경쟁력이다.

기업과 국민 모두가
행복한 세상을 향하여

권선복
도서출판 행복에너지 대표이사

사람은 누구나 발전하기를 꿈꿉니다. 한 자리에 오래 머물러 있고 싶어하는 사람은 없을 것입니다. 물론 예외도 있습니다. 변화가 두렵고 귀찮아서, 해봤자 안 될 거라 생각해서, 현상유지만 해도 괜찮다고 생각하는 사람들, 하지만 이런 사람들조차도 현 상태가 지속되어 늪에 빠지게 된다면 가만히 있을 수 없을 것입니다.

본 도서는 그런 사람들을 '기업'으로 치환하여 이야기하고 있습니다. 바로 중소기업입니다.

중소기업의 비율은 우리나라 기업의 90%를 차지합니다. 저자는 중소기업이 발전하여 대기업이 되고, 대기업이 모여 강한 대한민국을 만들 수 있다고 말합니다. 어떻게 하면 중소기업을 도울 수 있을까 고민하였고, 35년간의 지식과 경험을 바탕으로 중소기업이 가지는 고질적인 문제점을 꼬집었습니다.

총 7가지로 나누고 있는 중소기업의 문제점, 다시 말해 대기업이 될 수 없는 이유들을 통해, 독자들은 꼭 기업의 문제만이 아니라 삶의 철학도 깨칠 수 있을 것입니다. 이를 테면, 더 이상 배울 것이 없다는 생각 하지 않기, 다른 이를 불신하고 협력하지 못하는 태도 고치기, 하나의 가치에 매여 변화를 수용하지 않으려는 고지식함의 개선, 먼저 한계를 그어버리고 더 이상 노력해 봤자 소용없을 것이라는 생각 벗어나기, 지향하는 목표와 모습을 정확히 마음속에 그리는 사명의 내재화 등등이 그것입니다.

직장 역시 자신의 세계에 속한 큰 원이라고 할 수 있습니다. 그 원을 점차 넓혀가며 발전을 이루는 것이 우물 안 개구리가 되어 가만히 있는 것보다 행복해질 가능성이 클 것입니다. 작가는 그렇게 더 큰 원, 바로 대기업으로 나아가기 위한 디딤돌을 제시해 주고 있는 것입니다.

본 도서를 통해 현재 위치에서 열심히 분투하고 있지만 뚜렷한 성과가 없는 중소기업이 큰 도움을 받을 수 있길 바랍니다. 전문적 지식과 노하우를 습득한 작가가 내놓는 솔루션을 보다 보면, 어느 점이 해당되는지, 어떻게 하면 문제점을 개선할 수 있을지 해답이 보일 것입니다.

강한 기업은 강한 대한민국을 만들고 그 안의 국민들 역시 강력한 열정과 의지를 가지고 행복하게 살 수 있게 돕습니다. 그런 점에서 이 책은 경영계발서일 뿐만 아니라 한 개인의 삶의 질을 높일 수 있는 다양한 해법을 제시하고 있다고도 볼 수 있는 것이지요. 기업을 이끌어가는 이는 사장만이 아니기 때문입니다. 모든 직원이 한마음이 되어 열심히 움직일 때, 비로소 결과가 나오기 시작하는 것이니까요.

처음엔 어렵고 두려워 보이는 길이라도 한 걸음 한 걸음 내딛다 보면 점차 또렷하게 시야가 확장되며 갈 길이 보이게 되는 법입니다. 부디 이 땅의 모든 기업과 개개인이 힘차고 당당하게 행복을 추구하며 살아갈 수 있게 되기를 기원드리며 행복에너지가 팡팡팡!! 샘솟는 일 만끽하시길 바라며, 소중한 도서를 세상에 내놓습니다.

'행복에너지'의 해피 대한민국 프로젝트!
〈모교 책 보내기 운동〉

대한민국의 뿌리, 대한민국의 미래 **청소년·청년**들에게 **책**을 보내주세요.

많은 학교의 도서관이 가난해지고 있습니다. 그만큼 많은 학생들의 마음 또한 가난해지고 있습니다. 학교 도서관에는 색이 바래고 찢어진 책들이 나뒹굽니다. 더 럽고 먼지만 앉은 책을 과연 누가 읽고 싶어 할까요?
게임과 스마트폰에 중독된 초·중고생들. 입시의 문턱 앞에서 문제집에만 매달리 는 고등학생들. 험난한 취업 준비에 책 읽을 시간조차 없는 대학생들. 아무런 꿈 도 없이 정해진 길을 따라서만 가는 젊은이들이 과연 대한민국을 이끌 수 있을까요?

한 권의 책은 한 사람의 인생을 바꾸는 힘을 가지고 있습니다. 한 사람의 인생 이 바뀌면 한 나라의 국운이 바뀝니다. **저희 행복에너지에서는 베스트셀러와 각 종 기관에서 우수도서로 선정된 도서를 중심으로 〈모교 책 보내기 운동〉을 펼치 고 있습니다.** 대한민국의 미래, 젊은이들에게 좋은 책을 보내주십시오. 독자 여 러분의 자랑스러운 모교에 보내진 한 권의 책은 더 크게 성장할 대한민국의 발판 이 될 것입니다.

도서출판 행복에너지를 성원해주시는 독자 여러분이 많은 관심과 참여 부탁드리 겠습니다.

도서출판 행복에너지 임직원 일동

지금 중요한 것은 마케팅이다

신윤창 지음 | 값 20,000원

신윤창 저자의 이 책 『지금 중요한 것은 마케팅이다』는 전사적 마케팅 개념을 기반으로 하여 마케팅의 원론을 풀어나가고 있는 책이다. 마케팅을 진행하는 사람이라면 꼭 알아야 하는 전략들을 읽기 쉽고 일목요연하게 이해될 수 있도록 돕고 있다. 더불어 저자 본인이 실제 수행했던 마케팅 전략을 통해 실제 마케터의 위치에 선 독자들의 고민과 갈증에 도움을 줄 수 있는 가이드북이 될 것이다.

인생은 정면돌파

박신철 지음 | 값 17,000원

늦깎이 공무원으로 시작하여 해양수산부, 농림수산식품부에서 실질적 혁신을 주도하였고, 국립수산물품질관리원 원장을 끝으로 용퇴하여 현재 수협중앙회 조합감사위원장으로 재직하고 있는 박신철 저자의 인생과 신념을 담은 에세이다. 국민의 이익과 정의를 위해 자신이 부서지는 한이 있어도 정면돌파로 극복해 나갔던 그의 삶은 공무원에 대한 많은 이들의 편견을 걷어내는 데에 큰 도움이 되어줄 것이다.

코로나 이후의 삶

권기헌 지음 | 값 16,000원

본서는 2020년 COVID-19 사태를 맞이해 이미 시작되고 있는 전 세계적 새로운 패러다임 속에서 참된 나를 찾아가는 여정을 설명하고 있다. 나는 육신에 갇힌 좁은 존재가 아니라 무한하고 완전한 존재라는 것이 이 책이 담고 있는 생의 비밀이자 핵심이다. 저자가 소개하는 마음수련의 원리를 따라가면 어느새 본서에서 제시하는 몸과 마음에 관한 비밀에 매료되는 자신을 발견하게 될 것이다.

인사팀장의 비하인드 스토리

박창욱 지음 | 값 16,000원

과거 대우무역(현 포스코인터내셔널)의 인사과장으로 활동했으며 현재 '사단법인 대우세계경영연구회'의 사무총장으로 활동 중인 박창욱 총장은 극한 경쟁의 생존전선에서 살아남을 수 있는 가이드라인을 이 책을 통해 우리에게 전한다. 기업 내 인사업무의 본질, 인사 담당자에게 직접 듣는 기업이 원하는 인재가 되는 방법, 퇴직자와 인생 3모작 희망자를 위한 가장 현실적인 팁 등이 우리 스스로 인생의 주인공이 되도록 돕는다.

긍정의 힘! 셀프리더십!

류중은 지음 | 값 15,000원

본 도서는 군인으로 복무하며 군 내 기강을 세움과 더불어 후배 군인들을 훌륭한 나라의 일꾼으로 완성시키는 리더십을 발휘한 바 있는 저자의 철학이 들어 있는 책이다. '기초와 기본에 충실하자' '위풍당당 운동 캠페인' 등 저자가 신념을 가지고 진행한 리더십 과정은 신뢰감 있고 내실이 튼튼하다. 이 책 속 리더십은 현역 군인들은 물론 평범한 이들에게도 주도적으로 삶을 가꾸도록 도울 것이다.

고미술의 매력에 빠지다

황경식 지음 | 값 25,000원

명경의료재단 꽃마을한방병원의 이사장으로 활동하고 있는 황경식 교수가 20여 년간 수집한 고미술품을 소개하고 있는 이 책은 대중에게는 다소 낯선 고미술의 세계를 우리 곁으로 가져와 즐길 수 있도록 '책갈피 속의 미술관' 역할을 톡톡히 하고 있다는 점에서 주목할 만하다. 또한 다양한 고미술품에 얽힌 흥미진진한 일화와 미술에 대한 다양한 관점의 칼럼이 곁들여져 독자들의 인문학적 상상력을 자극한다.